困った人のこまりごと

保健所精神保健福祉相談員の日常

Ashizawa Shigeki
芦沢茂喜

はじめに

私は山梨県が設置する保健所で精神保健福祉相談員（精神保健福祉士）をしています。保健所といえば、ここ数年の世間のイメージでいうと新型コロナウイルスの対応。これまで保健所のことをあまり知らなかった人も、テレビ、新聞などの報道、自身または家族などがコロナ感染した際に連絡をとった経験などから、保健所を知った人も多くいたように感じます。私も感染拡大時は、保健所がＢＣＰ（Business Continuity Plan の略、事業継続計画）に基づく対応を求められたため、以下に紹介する精神保健福祉法23条通報の対応以外は業務を止め、コロナ対応に当たりました。

コロナの発生前であれば、エイズ検査、食品衛生（飲食店の営業許可）、犬などをイメージする人が多く、保健所が精神保健の業務を所管し、その業務を担う職種を配置していることを知っている人はあまりいないように思います。

保健所は昭和二二年、保健所法（現地域保健法）に基づき、都道府県、地方自治法に規定する指定都市、中核市のほか、政令で定める市及び特別区に設置されました[1]。

精神保健に関しては、昭和四〇年、精神衛生法の改正に伴い、保健所は地域における精神保健行政の第一線機関として位置づけられました。法第42条には「都道府県及び保健所を設置する市は、保健所に、精神衛生に関する相談に応じ、及び精神障害者を訪問して必要な指導を行うための職員を置くことができる。2、前項の職員は学校教育法に基づく大学において社会福祉に関する科目を修めて卒業した者であって、精神衛生に関する知識及び経験を有するもの、その他政令で定める資格を有する者のうちから、都道府県知事又は保健所を設置する市の長が任命する。」との規定がなされました。

精神衛生法はその後は精神保健法、精神保健福祉法と改正されました。法改正のたびに相談員の名称は「精神衛生相談員」、「精神保健相談員」、「精神保健福祉相談員」と改称され、現在の根拠法である精神保健福祉法第48条には、「都道府県及び市町村は、精神保健福祉センター及び保健所その他これらに準ずる施設に、精神保健及び精神障害者の福祉に関する相談に応じ、並びに精神障害者及びその家族等を訪問して必要な指導を行うための職員（精神保健福祉相談員）を置くことができる。」と規定され、都道府県又は市町村長は①精神保健福祉士、②学校教育法に基づく大学において社会福祉に関する科目又は心理学の課程を修めて卒業した者であって、精神保健及び精神障害者の福祉に関する知識及び経験を有するもの、③医師、④厚生労働大臣が指定した講習会の課程を修了した保健師であって、精神保健及び精神障害者の福祉に関する経験を有するもの、⑤前三号に準ずる者であって、精神保健福祉相談員として必要な知識及び経験を有するものから任命するとされました。任命される職員は、精神保健福祉士を配置するところと、相談員資格取得講習会を受講した保健師を配置するところに分かれ、多くの保健所では保健師を配置しています。

保健所における精神保健福祉業務については、「保健所及び市町村における精神保健福祉業務について」（平成一二年三月三一日障第二五一号）に定められており、①企画調整、②普及啓発、③研修、④組織育成、⑤相談、⑥訪問指導、⑦社会復帰および自立と社会参加への支援、⑧入院等関係事務、⑨ケース記録の整理および秘密の保持等、⑩市町村への協力および連携となっています。

山梨県は、甲府市が平成三一年四月一日に中核市になったことに伴い、新たに保健所が設置され、甲府市を除く地域を管轄する県型の保健所は障害保健福祉圏域に一か所ずつ、計四か所設置されています。保健所の統合があり、各保健所が管轄する地域の住民数に違いがあり、精神保健福祉相談員の配置数は一～四名とバラツキがあります。およその目安として、七万人に一名の配置となっており、全て専任の精神保健福祉士が担当しています。

保健所で精神保健の業務を行うことになった背景としては、地域で精神障害者を支えるという面とともに、昭和四〇年、当時アメリカの駐日大使であったライシャワーを精神疾患がある男性が刃物で切りつける事件が起きたことを受け、精神障害者から社会を守る、社会防衛対策として設置された経過があります。

相反する役割を期待された保健所の役割を象徴するものとして、現在も続いている精神保健福祉法第23条に基づく対応が挙げられます。第23条には「警察官は、職務を執行するに当たり、異常な挙動その他周囲の事情から判断して、精神障害のために自身を傷つけ又は他人に害を及ぼすおそれがあると認められる者を発見したときは、直ちに、その旨を、最寄りの保健所長を経て都道府県知事に通報しなければならない。」と規定されています。保健所は通報を受理した場合、精神保健福祉法第27条第1項、「都道府県知事は、……申請、通報又は届出のあった者について調査の上必要があると認めるときは、その指定する指定医をして診察をさせなければならない。」との規定により調査を行い、診察が必要と判断した場合は、病院へ移送し、診察を実施。診察の結果、入院措置が必要との判断がなされた場合は、第29条第1項「都道府県知事は、……診察の結果、その診察を受けた者が精神障害者であり、かつ、医療及び保護のために入院させなければその精神障害のために自身を傷つけ又は他人に害を及ぼすおそれがあると認めたときは、その者を国等の設置した精神科病院又は指定病院に入院させることができる。」との規定を受け、行政処分に基づく入院措置を取ることになります。

別の言い方をすれば、精神保健福祉法上のルートに乗る事例であれば、そのルートに乗せ、対応することができますが、ルートに乗らない事例もたくさんあります。法律上、警察は「異常な挙動その他周囲の事情から判断して、精神障害のために自身を傷つけ又は他人に害を及ぼすおそれがあると認められる者を発見した」ことを理由に通報を挙げてきます。おそれと書かれているように、客観的な判断だけでなく、主観的な判断が入ります。平日の日中の時間帯であれば、病院や市役所なども開いていますが、それらが閉まる平日夜間、休日の時間帯は警察が保護しても頼る先がない、または日中でも騒音などの迷惑行為で近隣などとのトラブルが生じ、警察が関わるものの、その先を進められない場合、警察から「困った人」とのラベルが貼られ、対応を求められます。その場合は第47条第1項の「都道府県、保健所を設置する市又は特別区（以下「都道府県等」という。）は、必要に応じて、次条第一項に規定する精神保健福祉相談員その他の職員又は都道府県知事若しくは保健所を設置する市若しくは特別区の長（以下「都道府県知事等」という。）が指定した医師をして、精神保健及び精神障害者の福祉に関し、精神障害者及びその家族等その他の関係者からの相談に応じさせ、及びこれらの者を指導させなければならない。」との規定に基づき、対応することになります。

保健所と一口に言っても、設置している自治体の違いによって、実施している内容が異なります。上記の法47条に伴う相談は都道府県、中核市がともに行いますが、県から市町村への権限移譲に伴い、福祉の窓口が市町村に移ったため、中核市は福祉に関する業務も一緒に実施します。逆に、精神科病院への指導、監査業務と、法23条の警察からの通報対応は、都道府県の業務であるため、都道府県の保健所が担っています。

保健所に対応を求める連絡をしてくるのは警察だけではありません。市町村などの関係機関など多岐に渡ります。関係機関からの相談では、対応が難しい事例であることを表す「困難事例」とのラベルが貼られてきますが、何が困難なのか、誰が困難なのかは分からず、困難と感じた関係機関の主観に基づいた形で連絡が入ります。そのため、相談をしてくる警察や関係機関の違いなどで相談内容は異なります。

設置自治体の違いとともに、保健所、相談員の状況により行っている内容に違いがあり、「保健所であれば……」「相談員であれば……」と一般化することは難しい状況があります。ただ、保健所の相談には警察からの通報に代表されるように、他の機関にはない特殊性があります。私は保健所で仕事をする前に、精神科病院に勤務していました。同じ相談を受けるという仕事であっても、病院と保健所の仕事では求められるものが違っていました。

病院は本人が自ら来るのか、嫌々家族などから説得されて来るのかの違いはあるものの、基本は診察を受けるという目的を本人が理解した上で来ます。そのため、病院にいた時の私が行うのは、診察を受ける過程で、本人や本人を取り巻く家庭状況などで調整が必要であれば関わるというものでした。本人が外来通院、または入院中は関わることができ、ある程度長い期間を想定して、対応することができました。また、私以外に、医師や看護師などの医療スタッフがおり、守られた環境の中で病院から与えられた仕事をすれば、言い方が良くないかもしれませんが、仕事をしたことになりました。

一方、保健所の場合、本人が望んだ状態で関わることはほとんどありません。本人を取り巻く環境、特に家族や近隣などが困り警察や市町村などを通じて相談の連絡が入ります。しかも連絡が入る時は、問題が起こっている時、または起こった直後に、事前情報もなく何も準備することができない中で昼夜問わず、緊急に入ります。現場に向かい、状況を確認し、関わることを求められます。また、病院と違い長く関わることは前提とされず、ほとんどはピンポイントでの関わりであり、医師や看護師などの医療スタッフが支えてはくれず、その場の状況から自ら判断することを求められます。相談員によって対応に違いが生じるため、自らの専門性が問われる環境に置かれているともいえます。

私は保健所に勤務した時に、環境の違いに戸惑い、これまでのやり方では上手くいかないと感じました。これまでは、本人が望ましいと思う状態にいくように私が本人を変える、本人をコントロールしようとしていました。具体的には受診が必要であれば説得する。でも、それができたのは病院という保護された環境にいて、本人も私が関わることを嫌々でも受け入れる状況があったからだと思いました。

私は保健所に所属を変えても、当初は保健所に連絡をしてくる警察をはじめ関係機関からの「緊急」という言葉に引っ張られ、関係機関が困っている問題を解決する、こちらが良いと思える方向に話をもっていくという視点から関わっていましたが、上手くいきませんでした。

なぜなら、本人には変わる理由がない。変わる理由がない以上は変わらない。私が変えるではなく、変わる時が来れば本人は変わると考え、変わる理由、変わる時を一緒に考え、本人が変われる環境を作っていく関わり方に変えました。何が問題なのかではなく、なぜ、これまで問題として表に出てこなかったのかという視点から、状況を整理するようにしました。問題という視点ではなく、ここまで頑張ってきた本人、家族の努力などを中心に見ていく。その上で、これまで頑張ってきたのに、なぜ今回問題として表面化するようになったのかを考えていくことにしました。

改めて、自らの専門性とは何かと考えてみると、私が保健所の相談員として行っているのは、①今の状況、困った人の「こまりごと」を理解し、整理する、②整理した上で、どのように進めていくのかの見通しを考える、③そして、その見通しを誰に、どんな言葉で話し、どう進めていくのかを考え、実際に行うことになります。

そして大事にしているのは、折り合うこと。本人が本人を取り巻く環境との間で折り合えるポイントを探す。本人が折り合えるように話を進めるには、私の立ち位置、本人への接し方などが大事になります。本人に合わせて、声のトーン、話すスピード、例え話などを変えていく。それはその場で、本人の状況を見ながら、意識的に、時に無意識的に変えていく。

またもう一つ大切なことは、プロセスで見ること。結論があったとしても、最初にそれを言わない。結論までの最短距離を求めず、結論に持っていくまでのプロセスを意識しながら、一個一個積み上げていくイメージでやっていく。

そのような保健所精神保健福祉相談員の日常は、これまで言語化されてこなかったものであり、外部からは分かりませんでした。そこで、周りから「困った人」とのラベルを貼られた人たちと私との関わりを綴ることで、困った人の抱えるこまりごとや保健所精神保健福祉相談員の関わりを知っていただく契機になるのではないかと思いました。

本書で取り上げた事例は実際に対応した関わりを記載していますが、事例は個人の特定ができないように加工しています。

これから綴る私と困った人たちとのものがたり。どうぞ、お付き合いください。

■注

1　中核市については、平成二六年五月の地方自治法の一部改正により「人口二〇万人以上」を要件とする特例市が廃止され、中核市の要件が「三〇万人以上」から「二〇万人以上」に引き下げられ、改正法施行時に既に指定されている特例市は人口二〇万人未満になったとしても、平成二七年四月一日の法律の施行から五年間であれば、保健所を設置するなどの条件を満たせば、中核市の指定を受けることができるとの経過措置が取られました。甲府市はこの経過措置を受け、中核市となり、保健所を設置しました。

困った人のこまりごと

保健所精神保健福祉相談員の日常

もくじ

はじめに…… 003

第１章　ロックの日…… 015

第２章　姫をお城に戻すには…… 031

第３章　「大変なんだよ」の裏側 …… 047

第４章　相談の前に、草刈り…… 061

第５章　支援は終わらない…… 077

第６章　開かないドアが開くとき…… 095

第７章　問題の裏にある苦悩…… 111

第８章　変わらない関わり…… 125

第９章　秋のパン祭り…… 139

おわりに…… 145

あとがき…… 151

第1章
ロックの日

まず、保健所で関わる事例としてよく挙がる、幻覚妄想状態に対する関わり方について、第一章、第二章で激しい幻覚妄想状態が疑われる事例、第三章で本人からの訴えが激しく、関係機関が対応に困難さを感じる事例を取り上げたいと思います。

＊

「ブルブル・ブルブル……」

枕の上に置いた携帯電話が着信を伝える。私は目を開け、右手で携帯を取り、着信元を確認する。携帯のディスプレイには、「○○警察」との文字。私は覚悟を決め、携帯の応答ボタンを押す。

「はい。保健所の芦沢です」
「保健所さんですか?　夜分遅くに申し訳ありません。○○警察の当直をしている佐藤と申します。お休み中のところ申し訳ありません。○○警察署管内で精神錯乱の者を保護したため、ご連絡をしました」

「まずは、人定を教えていただけますか？」

「はい。名前はイトウ・ヒロシ（仮名）。年齢は四〇歳。住所は〇〇市〇〇町〇〇」

「ありがとうございます。今日の経過を教えて下さい」

「イトウは両親と生活。本人が夜になっても眠らず、部屋で一人、騒いでいるため、父親が注意したところ激昂。物を投げるなどの行動あり。危険を感じた母親が一一〇番通報。警察官が臨場したところ、本人はすでに落ち着いていたものの、『自分はスターだ』といったような話をし、両親に聞くと以前からそのようなことを話しており、精神科に連れていこうと試みたものの本人が怒って上手くいかず。今回の機会にどうにかしたいとのことで、保健所さんに来てもらいたいと思い電話しました」

「両親にケガはありますか？」

「ケガはありません。本人は両親に当たらないように、避けて物を投げていたようです」

「今、本人はどちらにいますか？」

「また、暴れても困るので、両親とは離し、本人は署の方に連れてきました」

「そうですか。私一人で動くことができないので、上司に確認して他の職員にも声をかけ、うかがうようにします。その間に両親に連絡して署に来てもらって下さい」

「分かりました。よろしくお願いします」

「よろしくお願いします」

時計を見ると、時計の針は一時五分を指していました。

私は上司に連絡を入れて状況を伝え、あらかじめ今日の当番として待機となっている職員に連絡を入れました。「やれやれ」、独り言を言い、髭を剃り、スーツに着替え、真っ暗な中、車に乗って本人が保護された警察署に向かいました。

警察署に着くと、駐車場にはパトカー以外の車は止まっておらず、入り口には赤色灯が点いていました。赤色灯の下には応援で連絡を入れた職員がすでに来て、私を待っていました。私は職員に声をかけ一緒に署内に入りました。

「保健所の芦沢です。佐藤さんはいらっしゃいますか?」

「芦沢さんですね。私が佐藤です。夜分、遅くに申し訳ありません」

「いえいえ。ご家族は来られていますか?」

「来ています」

「本人はどうですか?」

「今、一人職員が付いて部屋にいますが、落ち着いています」

「そうですか。まずはご家族からお話を聞いてもよろしいですか？」

「分かりました。では、こちらに」

私は佐藤さんに促されながら、トイレ横の小さな部屋に案内されました。そこには六十代の男性と女性が座っていました。二人の前の椅子に座り、声をかけました。

「こんばんは。遅い時間に申し訳ありません。私、保健所の相談員をしております芦沢茂喜と申します。イトウさんですか？」

「ヒロシの父と母です」

向かって右側に座っていた男性が立ち上がり、私に挨拶をしました。

「お父さんですか？　どうぞ、おかけ下さい。こちらがお母さんですね」

左側に座る女性が頷き、立ち上がった父親が座り直すのを確認し、私は話を続けました。

「警察より概要はうかがっています。ただ、警察が理解して私に話して下さった内容が違っていると良くないので、ご両親からも話を聞かせて下さい。私は保健所で精神保健福祉相談員という仕事をしています。担当するエリアにいる方々に精神的な悩み、問題があった場合に相談に応じるという仕事をしており、自分を傷つけ、又は他者に危害を加え、警察に保護された方などについては、警察より電話をいただき、相談に応じています。今日はヒロシさんが自宅で暴れたとの連絡を警察より受けたのでうかがいました。まずは、今日何があったのかを教えていただけますか?」

先ほど立ち上がって挨拶をした父親が話し始めました。

「ヒロシは四〇歳になります。高校を卒業後、音楽の専門学校に通いましたが、途中で行けなくなり、退学。行けなくなった理由は分かりません。その後はコンビニやレンタルショップでアルバイトをしますが、それも続かず。この五年ほどはほとんど外に出ず、自宅で過ごしていました。私たちも年を取り、今後が心配なので、ヒロシにどうするのだ? と声をかけますが、ヒロシは『考えている』と言うのみで。それがこの三年ぐらいは『俺はスターだ。デビューが決まっている』と話すようになり、それを否定すると、暴れるようになりました。お恥ずかしい話ですが、私は仕事人間で家庭のことは妻に任せてきたので、ヒロシのことも正直よく知りませんでした。妻に聞くと、以前からそのようなことを言っていたようで……」

「そうですか。お母さんの方からはいかがですか?」

「夫は仕事で家にはおらず、私がヒロシを見てきました。はっきりと本人が話したわけではありませんが、専門学校で自分の話した内容を教師や同級生に否定され、それが嫌だったようです。以前、俺の才能をアイツらは分かっていないと話していました。前は私に話すだけでしたが、この五年ほどは外に出ず、ほとんどの時間を自室で過ごすようになり、状態が悪くなったように思います」

「お母さん、状態が悪くなったという部分をもう少し教えていただけますか？　どう悪くなったのでしょう？」

「以前も俺はスターだと言っていましたが、独り言程度で大きな声で話すことはありませんでした。今は大きな声で話し、歌なのか昼夜関係なく騒ぐので、近隣からもどうにかしてくれと言われるようになりました。部屋にこもりっきりなので何をしているのか気になって本人がお風呂に入っている間に部屋を覗いたら、自分の好きなロックバンドの写真を切り抜き、それが部屋の壁にペタペタ貼ってありました。その数が凄くて、怖くなりました」

「芦沢さん、良いですか？」

面接に同席していた佐藤さんが私に声をかけました。

「私が今日、ご自宅に臨場しました。お母さん、今日お母さんが撮ってくれた写真、芦沢さんに見せてあげて下さい」

「はい、これです」

お母さんが自身のスマホを取り出し、撮った写真を見せてくれました。写真には一面にロックバンドの切り抜き（バンドメンバーの顔の部分だけが切り取られたもの）が貼られた壁が映っていました。

「ご両親はどうされたいですか？」

「私たちはヒロシを病院に連れて行き、診てもらいたいと思います。これまでも本人を説得しましたが拒否されました。言えば言うほど怒るようになり、その話を今はできずにいます」と父が話しました。

「今後のことを考えると、不安で、不安で。私も同じ意見です」母が話しました。

「ご両親のお話は分かりました。この後、本人に話を聞きたいと思います。その間、申し訳ありませんが、ここでお待ち下さい」

私は佐藤さんに案内してもらい、本人がいる部屋に行くことにしました。

本人は二階の角の部屋にいました。一名と聞いていましたが、部屋にいた警察官は二名、うち一名は本人の前に座り、もう一名は入口に座っていました。私は二名の警察官に声をかけ、本人の前に座る警察官に席を空けてもらい、座りました。

本人は四〇歳という年齢にしては、顔は若くというよりも幼く見えました。髪は腰の辺りまで伸びており、服装は黒で統一されていました。


「こんばんは。私は保健所の芦沢茂喜と申します。自宅で暴れるなどの通報が挙がると、警察から連絡をもらい話をうかがうことになっているため、うかがいました。今日、ご自宅で暴れたということですが、正しいですか？」

「物を投げただけだよ」

「物を投げた。誰にですか？」

「両親だよ」

「投げた理由を聞いても良いですか？」

「アイツらが、俺がスターであることを信じないから」

「スター？　どういうことですか？」

「俺はロックスターで、メジャーデビューが決まっている」

「そうなんですか」

「そうだよ。それなのに、アイツらは、それはヒロシの思い込みだと言いやがって」

「それで怒って、物を投げたのですか？」

「そうだよ。誰だって否定されれば怒るだろ」

「そうですね。否定されれば怒りたくもなりますね」

「そうだよ」

「ちなみに聞いても良いですか？　ロックってどんな感じの曲なのですか？」

「ボン・ジョヴィみたいな感じ」

「ボン・ジョヴィのどんな曲ですか？」

「イッツ・マイ・ライフみたいな曲だよ」

「ヒロシさんが曲を作るのですか？」

「俺が作る」

「ヒロシさん、楽器が弾けるのですか？」

「弾けない。口ずさんだら、曲になる」

「それは凄いな。ロックスターということはバンドメンバーがいるのですか？」

「まだいない」

「どういうことですか?」

「俺がしたいと言えば、世界中から俺のバンドに入りたい奴が集まってくる」

「そうなのですね」

「全米デビュー。世界デビューも決まっている。俺を待っている人がたくさんいる」

「待っている人がいるって凄いことですね。そんな状況であれば、ご両親の対応はご本人にとっては不満になりますよね」

「そうだよ」

「練習の一環なのかもしれませんが、大きな声を出すことはありますか?」

「練習をすることはある。でも、俺の歌を聞きたい奴はたくさんいる」

「ヒロシさんの歌が好きという人には嬉しいことですね。練習する時間は決まっていますか?」

「決まっていない」

「夜、遅いこともあるのですか?」

「あるかもしれない」

「なるほど。ヒロシさんのファンにとっては良くても、まだヒロシさんのファンではない人にとっては、いきなり夜、遅い時間に歌が聞こえてきたら、うるさいと感じる人がいるかもしれないですね」

「そんなことはない」

「ご両親からはヒロシさん、何て言われますか？」

「お前がおかしいから、病院で診てもらえと言われる」

「それは納得できないですよね。ヒロシさんにとっては理由があってやっているのですから。ヒロシさん、私、ヒロシさんに相談したいのですが、良いですか？　細かい理由はいったん脇に置き、事実だけ並べると、今日、ヒロシさんは大きな声を出し、物を投げた。それに対して両親が警察を呼んだ。警察はヒロシさんを保護した。両親は病院に行くように話す。ヒロシさんはその必要はないと話す。話は平行線。双方がお互いに少しずつ譲らないと話は進まないですね。ヒロシさんは理由があって行動している。両親がおかしいと言っても、ヒロシさんに理由があるのであれば、病院に行っても大丈夫ですねと病院から言われ、それで終わるような気もしますが、その辺はどうですか？」

「俺が折れるのはおかしい」

「ご両親に折れるのを求めますか？　でも、今回面倒なのは警察が入ってしまったこと。警察とすれば、事が起こった以上はどこかに結論を求めないとならない。このまま何もせずに自宅に戻すということはできないように思います」

「何か俺だけ分が悪い感じがする」

「そうですね。ではヒロシさん、こんなのはどうですか？　私の方で病院の予約を入れ、今すぐに診てもらえるようにする。それで話をし、何もなければそれで終わり。私から警察、両親にも話をします。病院に行く時間、二時間、私に時間をいただけませんか？　ロックスターであるヒロシさんなので、この案でのんでいただけないかなと思います」

「……分かった。待たないのだな」

「待ちません。すぐ診てもらいましょう」


私は精神科救急の窓口に連絡を入れ、事情を説明して受け入れ先の病院の医師に話をし、本人、両親と共に病院に行きました。診察時、ヒロシさんは自分自身がいかにスターであるのかを話し続けました。ここ一～二週間しっかり眠れていないので、生活を整え、治療するため、入院する必要性があると判断されてヒロシさんは入院しました。

入院して三週間が経ち、病院の相談員より急性期の症状が治まり隔離された部屋から一般室に移り、日中は他の入院者と共に作業療法にも参加するようになったとの連絡を受け、私は面会に行くことにしました。

本人が入院している病棟に入ると、音楽が流れてきました。流れてきたのはムード歌謡。

ホールの真ん中に置かれたオルガンを外部講師が弾いていました。外部講師の周りに入院者が立ち、手には楽譜を持ち、音楽に合わせて歌っています。作業療法の中で行われる音楽療法が行われていました。流れていた曲をよくよく聞いていると、石原裕次郎の『夜霧も今夜もありがとう』でした。

ヒロシさんの姿を探すと、オルガンの端に立って楽譜は持たず、リズムに合わせドラムを叩くようにオルガンの上に置いた手を上下させていました。

音楽療法が終わったタイミングで本人に声をかけ、面会室で話をしました。

「入院されて、体調はいかがですか?」

「体調は良いです」

「そうですか。先ほど、作業療法の時間に音楽をされていましたね。あのような曲はヒロシさん、あまり聞いてこなかったのではないですか?」

「そうですね。でも、音楽には変わりないから」

「なるほど」

面会を終え車のエンジンをかけると、ラジオからヒロシさんが好きだと話していた「イッツ・マイ・ライフ」が流れていました。

面会の次の予定を確認するために私は手帳を開きました。私がヒロシさんの面会をした日は六月九日。奇しくもロックの日。

「ロックだな」

ヒロシさんの面会を終え、帰りの車の中で私はそう思いました。

＊＊＊

ヒロシさんの事例に関して、私の関わりを振り返りたいと思います。

私はまず、本人が大声を出し、物を投げ、両親が警察を呼び、警察が本人を保護。両親は本人に病院に行くように話すが本人はその必要はないと言い、話が平行線である状況を理解しました。また、自身をスターと言って昼夜関係なく騒ぐという言動と部屋の壁にバンドメンバーの顔だけ切り抜いた写真が貼られた状況などから、本人に精神疾患の疑いがあり、受診が必要とも判断しました。ただ難しいところですが、暴れたとの話を確認していくと、他者に危害を加えたわけではなく、大声を出した。物を投げたといっても、両親に当たらないように投げているることから判断し、強制的な対応を取ることは難しい。本人との間で折り合えるところはどこで、どのように持っていけば話を進めることができるのかを考えました。

私は本人が自身をロックスターであると認識していることに沿って、話をしていくことにしました。今の状況をおさめるには本人または両親のいずれかが折れないといけない。両親が折れない以上、本人が折れないと終わらない。でも、本人は自分だけ折れるのは納得できないという気持ちになるので、受診までに時間をかけない形をこちらが作るので、この形で受け入れてもらえないかと頼みました。

受診という結論を決めてしまうと、その結論を話の最初に言いたくなります。でもそれを言ってしまったら、本人にとって私は両親と変わらない存在になります。

本人の大事にしているところはどこか？　そこをこちらが認識し大事にしていることを伝える。その上で、今の状況をどうすれば打開できるのかを一緒に相談したいという形に持っていく必要があります。本人に対して、自分はどういう存在で、この場は何を話すところなのか、それを面接の中で設定し本人に見せていくことが大事になります。

第２章
姫をお城に戻すには

次も、性別、年代などはヒロシさんとは異なりますが、幻覚妄想状態が疑われる事例を見ていきたいと思います。

＊

二三時に布団に入り眠りについたころ、頭の上の携帯が鳴っている音に気づき、時計を見ると時刻は二時三〇分。「またか」、目をこすり、起き上がるものの、なかなか目覚めない。今、携帯が鳴っているのは夢なのでは？　そんな考えが浮かぶのを自ら消し、私は携帯の応答ボタンを押しました。


「はい、保健所です」

「夜分、申し訳ありません。〇〇署の当直の斉藤と申します。ご相談したいことがあり、お電話しました」

「どうされました？」

「今の時刻で言えば、昨夜二三時に〇〇市内のコンビニより通報。五十代の女性が何も買わず、一時間ほどいるため、店員が声をかけると、意味不明な話をしてそのまま店から出て行き、店の駐車場に停めていた車のエンジンをかけてずっと停車し続けているため、再度声をかけると、またも意味不明な話。店員が怖くなり、一一〇番通報。警察官二名が臨場したところ、家に帰らず車中泊している様子。免許証を確認すると住所は○○市。父親と一緒に暮らしているようですが、詳細不明。警察官が車内を調べると、車内は食べたコンビニ弁当のゴミなどが散乱。警察官がどうして車中泊をしているのか聞くと、家が怖いと話し、それ以外は訳の分からない話。このまま放置するわけにも行かず、警察で保護しました。その後の対応をお願いしたく、お電話しました」

「ありがとうございます。分かる範囲で人定を教えて下さい」

「モリモト・アヤコ（仮名）。五五歳。住所は○○市です」

「分かりました。私たちがうかがうまでの間、同居の父親への連絡をお願いします」

「分かりました」

今の時間に出れば、終わるのは朝だな。私は独り言を言いながら身支度を整え、車で本人が保護された警察署に向かいました。

警察署に着きましたが応援で呼んだ職員はまだ来ていませんでした。時間も遅いため、私は応援職員の到着を待たずに警察署の中に入って署員に声をかけました。

「保健所の芦沢と申します。斉藤さんはいらっしゃいますか？」

「通報を挙げた件ですね。斉藤は別件対応中です。私の方で分かるので対応します」

「ありがとうございます。斉藤さんから電話で大体の概要はうかがいました。斉藤さんにお願いさせていただきましたが、同居のお父さんへの連絡は取れましたか？」

「取れました。父親は八〇歳を越え耳が遠いですが、話はできました。本人は高校卒業後に仕事に就いたようですが長く続かず。二十代の頃に精神科を受診。入院したこともあり、三か月前まで通院もしていたようです。薬を飲むことを嫌がり、薬は飲んだり飲まなかったり。この二週間は家にいるのが怖いと話し、家を飛び出して帰ってこないため、父親も心配していたようです」

「そうですか。お父さんの連絡先を教えていただけますか？」

「こちらです」

「私の方で電話をさせて下さい。その上で、本人にお会いさせて下さい」

「分かりました」


私は警察官が渡してくれた紙に書かれた電話番号を見ながら、電話しました。

「もしもし、モリモトですが?」

「夜分、遅くに申し訳ありません。私は保健所で相談員をしております、芦沢茂喜と申します。アヤコさんのことでお電話しました。先ほど警察にお父さんが話して下さった内容はうかがいました。お父さん、おうちはお父さんとアヤコさんの二人暮らしですか?」

「二人です。妻は昨年、亡くなりました。アヤコのことは妻が今までやっており、私は全く知らず。アヤコは私には何も話しません」

「ご家族はお父さん以外にいますか?」

「アヤコの弟が同じ市内にいます」

「警察からはアヤコさん、精神科に受診されていたとうかがいましたが?」

「長く○○病院にかかっていました。アヤコは薬を飲むのが嫌で、何度か再発して病院に入院をしたこともありました。先生から通院はご家族一緒にと言われ、長い間、妻が付き添いをしていました。妻が亡くなったのは昨年で、それからしばらくは私が連れていきましたが、私も年を取り、大丈夫かと思い本人に任せていました」

「そうですか。三か月前ぐらいまでは通院されていたとのことですが?」

「私は病院に行っていると思っていましたが、先日病院の相談員さんが電話をくれて、来ていないですがお変わりありませんか?　と言われ、行っていないことに気づきました」

「そうですか。お父さん、病院から話があったことを本人には話されましたか?」

「病院に行っていないなら行こう。お父さんも行くからと伝えましたが、本人は行っていると言います。じゃあその証拠を出せと言ったら、お父さんは私を信じられないのと言い、家から外に出て行ってしまいました。それが二週間ほど前です」

「そうですか。お父さんはどうされたいですか?」

「病院に連れていきたいです。困りますから。何か困ることが起きれば、妻に申し訳ない」

「お父さんはこちらに来ることはできますか?」

「私は年をとったので免許を返してしまいました。タクシーで行くにしても、簡単には行けません」

「分かりました。お父さん、申し訳ないですが、電話だけは取れるようにしておいて下さい。これから本人と話をしてきます。その上で了解をもらい、病院に連絡を入れて相談したいと思います。その際に、私が今お聞きした経過を、お父さんから病院に話していただく必要があるかもしれません。その際にはよろしくお願いします」

「分かりました」

私は電話を切り、斉藤さんに声をかけ、アヤコさんがいる部屋に向かうことにしました。

部屋に向かう途中、斉藤さんからは「今、女性の警察官が二名、本人についています。着ていた服を全部脱ぐため、『何で脱ぐのか？』と聞くと、『私はお姫様。こんな服は着られない』と話したため、警察署にあった女性用の服に着せ替えています」

部屋には机を挟んで奥に本人が座り、手前に警察官二名が座っていました。机や椅子には本人の服とズボンと思われるものが縛り付けられていました。

私は手前の警察官に声をかけ、席を空けてもらって本人の前に座りました。

「こんばんは。もう明るくなってきたので、おはようございますかもしれませんね。私は保健所の芦沢茂喜と申します。警察よりご連絡をいただき、こちらにうかがいました」

「あら、そう」

「モリモトさんに、今日こちらに来ることになった経緯を教えていただきたいのですが？」

「私は分からないわよ。コンビニでご飯を買おうと思ったら、警察を呼ばれたのだから」

「ご飯を買おうとコンビニに行かれた時間、遅い時間ですね。いつもあのぐらいの時間ですか？」

「そうね。私は忙しいから。なかなか食べる時間がなくて。私くらいになるとそうなるわね」

「私くらいというのは、どういうことでしょう？　教えていただけますか？」

「私はお姫様だから」

「お姫様」

「そう、お姫様。私のことは皆が大切にしてくれるの」

「お姫様というのは以前からですか？」

「そりゃあ、そうよ。生まれた時から」

「今、モリモトさんはお父さんと一緒に暮らされているとうかがいましたが、それは事実ですか？」

「父？　あの人は嫌い。怖いから」

「怖い？　どういうことですか？」

「あの人は私のことを病気扱いして、病院に行け、薬を飲めと言う」

「病気？　薬？　モリモトさんはどこか具合が悪いのですか？」

「どこも具合は悪くないわよ。絶好調。以前から父親はそう言うのよ」

「どこか病院にはかかっていたことがあるのですか？」

「○○病院」

「いつ頃まで行かれていたのですか？」

「三か月前くらいかな」

「まだ最近なのですね。行かれなくても大丈夫ですか？」

「大丈夫よ。だって、私はお姫様。あなたもそう思うでしょう？」

「私は今日、初めてモリモトさんにお会いしたので、まだモリモトさんのことが分かりません。モリモトさんのことを理解したいのですが？」

「私のことが分かりたいの？」

「そうですね。モリモトさんはお姫様だということですが、お城はどこにあるのですか？」

「〇〇よ。そこに今は父親がいる」

「そうですか。モリモトさんは、今日この後帰るとすれば、そのお城に戻られるのですね？」

「戻らないわよ」

「え？　どういうことですか？」

「父が、私が病院に行かない限り、お城に入れてくれないのよ」

「そうなのですね。モリモトさんは大丈夫だと言うのに、お父さんは病院に行けと言う。話は折り合えず、平行線ですね。モリモトさんがお城に帰れずにいるのはどのくらいですか？」

「二週間ぐらい」

「その間はどうされていたのですか？」

「車の中で過ごしていた」

「車の中でどう過ごされていたのですか？」

「コンビニで弁当を買ったり、カラオケに行ったり……」

「カラオケ？　一人で？」

「一人で」

「どのくらいの時間、行くのですか？」

「六時間くらい」

「六時間。ちなみに何を歌われるのですか？」

「ラルクアンシエル」

「ラルクアンシエル？　熱唱するのですか？　声が出ますか？」

「私、声が出るのよ。今度、聴かせてあげるわよ」

「ありがとうございます」

「モリモトさん、一つご相談があります。モリモトさんがお城に戻れるようにしたいのですが、何か解決策を一緒に考えられないでしょうか？」

「父は折れないわよ」

「そうですか。でも、このまま車の中での生活では私も心配です。お姫様はお城にいてこそ、意味がありますから」

「そうね。どうしたら良いかしら?」

「言い方が良くありませんが、病院に行けばお父さんがお城に入ることを許してくれるのであれば、病院に行って、帰ってくれれば良いようにも思うのですが」

「そうね。でも、私は三か月行っていないから、今更行けないわね」

「私の方で病院にお願いを致しましょうか?」

「あなたがしてくれるの?」

「はい。私が。ぜひ姫がお城に戻れるようにご協力させて下さい」

「お願いしようかしら」

「分かりました。今、連絡を取って参ります。しばし、お待ち下さい」


私は席を外れ、本人が三週間前まで通っていた病院に電話を入れました。当直医につないでもらうと、電話に出た相手はたまたま本人の主治医でした。これまでの経過も理解しており、今からの受診についても承諾してくれました。私は父親に連絡を入れて状況を伝え、受診時に主治医がお父さんに電話をするかもしれないと伝えました。

私は本人が待つ部屋に戻り、本人に受診の件を伝えました。

「お待たせをいたしました。病院の手配が整いました。車は私の方でご用意致しましたので、こちらに」

「あら、そう」

本人が立ち上がると、二名の警察官は本人が机と椅子に縛り付けた服とズボンをほどき、本人に渡そうとしました。

「あら、何？　そのようなものはいりません。あなた達に差し上げるわ」

「姫。いきなりこのように渡されても、この方々も困ります。まずは持っていきましょう」

「あら、そう」

警察署にあったTシャツを着てズボンを履いたモリモトさんが、縛られてヨレヨレになった服とズボンを持ち、私の後を歩き、私が用意した車に乗りました。

病院に向かう車中、本人は饒舌に話し続けました。若い頃は今よりもずっと綺麗だった。結婚しようと思った人もいたけど、親に反対された。私と結婚したいと言う人はたくさんいるけど、私は結婚しようと思った人以外とは結婚しない。コンビニ弁当はファミマが好き。チキンをよく買う。ストレスがたまるとカラオケに行く。ラルク以外は北島三郎を歌う……。ずっと話し続けました。

その状況は病院に着いて主治医に会った時も続き、主治医の判断でモリモトさんは入院しました。

入院となった翌日、私はモリモトさんの家に行き、父親に会いました。「昨日はありがとうございました」と深々とおじぎをする父親は疲れているように見えました。父親が三〇代の頃に建てた家は年数を重ね古く、室内も汚れていました。

入院後、薬の服用を再開したところ本人の状態は安定し、入院して一か月半が経つ頃、病院より退院に向けた話し合いをしたいとの連絡がありました。

話し合いには、本人、父、弟、主治医、病院の相談員、市役所の相談員、訪問看護ステーションのスタッフが来ていました。

最初に病院の相談員が参加者の紹介をしました。私のことを紹介する際に、「モリモトさん、今回一緒に病院に来てくれた保健所の芦沢さんです」と話すと、本人はキョトンとした表情。「芦沢さん、知っていますか?」と相談員が声をかけると、「知りません」と答えます。私は「初めまして。モリモトさん。保健所で相談員をしております、芦沢茂喜と申します。これからご自宅に戻り、生活するにあたり、皆さんと一緒にモリモトさんを支えることができればと思います。よろしくお願いします」と挨拶をしました。

「よろしくお願いします」、入院前の姫とは違い、おとなしい本人が目の前にいました。

退院後は当面、弟が通院に同行。訪問看護が週に二回。その状況を見て、再度の話し合いをし、日中通う場所などを考えることになりました。

＊＊＊

前章のヒロシさんの事例と同様に、私の関わりを振り返りたいと思います。

私は、①本人が自身を姫と話す言動などから幻覚妄想状態が疑われる状態にあること、②父と二人暮らしで、中断している受診を巡り父親とトラブルとなり、本人が自宅に帰れずにいること、③本人は前述のとおり、自身を姫、家をお城と認識していることを確認しました。その上で、受診の必要性を私は感じるものの、本人はそのことで父とトラブルになっており、どうすれば本人が受け入れることができるのかを考えました。

私は、相手が幻覚妄想状態に置かれている時は、相手の世界に合わせて話を進めることにしています。相手の世界の中に私を位置づけた場合、どのように振舞うことが適当なのかを考えることにしています。モリモトさんの場合、自身を姫と認識していることから、それに沿って話をすることにしました。姫がお城に戻れるように協力したいと本人に申し出て、お城にいる執事のような立ち位置で本人と関わることにしました。本人のことを「モリモトさん」ではなく、「姫」と呼び、本人に話す言葉、立ち振る舞いもそれにともない変えました。ヒロシさんの事例と同様に、本人、私、そして本人と私がいる、この空間をどのように捉え直し、活用するのかが折り合う形を作る上で大事になります。

第3章
「大変なんだよ」の裏側

次は、幻覚妄想状態が全面に出ないものの、本人からの訴えが激しく、関係機関が対応に困難さを感じる事例について、見ていきたいと思います。

＊

「大変なんだよ」、ヨシキさん（仮名）は市役所の相談窓口で大きな声で話していました。「何が大変なんですか？」、応対した職員が尋ねると、「俺の家が誰かにイタズラされている」と話していました。

職員は「はいはい。それは先日も聞きました。前回、私と他の職員で家に行き、確認もしました。でも何もなかったじゃないですか。気のせいですよ」と言う職員にヨシキさんは「何で俺の言ってくることを信じてくれないのだ」と言い、最後は「もういい」と席を立ち、その場を離れました。

市役所で話をした後、ヨシキさんは警察、人権相談窓口、法テラスなど、話を聞いてくれるところを求めて出向き、同様の話をしました。

何度も何度も同じ話が続くので市役所の職員が対応に困り、私のところに連絡が入りました。ヨシキさんについて、市役所から聞いた内容は以下のとおりです。

ヨシキさんは三十代の男性。現在は一人暮らし。元々、裕福な家庭に生まれ、勉強もできたことから高校は進学校へ進みました。ただ、高校時代は思うように成績が伸びず、いくつか大学受験をするものの、すべて不合格。

高校卒業後、どうしても入りたい大学への進学を望んで浪人生活を送ったものの、翌年の受験も不合格。その結果を受け入れられず、再度の浪人生活。再び受験に挑戦しましたが結果は不合格。両親から浪人生活は二年と言われていたことから、両親の説得を受け、親戚が経営している会社の事務職として就職しました。

元々望んで入った会社ではなかったため仕事に打ち込めず、それを上司に注意されたことをきっかけに会社に行くことができなくなりました。会社に行かない本人に対して両親が注意すると、本人が逆上。両親との間でトラブルとなることが続いていました。仕事は退職。その後は昼夜逆転の生活となり、夜も眠れず、食事も取れない状況が続いたため、両親が親戚の応援を得て、本人を説得して病院を受診。三か月間の入院をしました。

退院後は、両親とのトラブルを回避するため、アパートでの一人暮らしを始めました。一人暮らしを始めた当初は通院し安定した生活を送っていましたが、一か月が経過する頃になると通院が止まり、自閉的な生活を送るようになりました。両親が訪問して説得、病院に入院するということを繰り返していました。

ヨシキさんが近隣からイタズラをされていると言い始めたのは半年程前から。当初は両親に話をしていました。両親も自宅を訪問したり、本人からの電話を聞いたりしていましたが、「家に誰かが入った。電話を録音されている。インターネットの履歴を勝手に見られている」などあまりにも同様の話が続くため訪問を止め、電話があってもすべては取らず、着信を拒否するようになりました。

ヨシキさんは両親とは話ができないと感じ、病院のスタッフ、友人などに話をしますが、対応は両親と変わらず。話す先を求め、市役所の窓口やその他の機関などに話す相手が広がっていきました。

ヨシキさんを知らずに初めて話を聞いた人の中には大変なことだと思い、アドバイスをし、確認に自宅まで見に来てくれる人もいました。でも、何か被害が具体的に出ているわけではないため、「気のせい」という対応をされることが続きました。またヨシキさんが病院に入院していた過去、現在も通院している経過から、「妄想だ。思い違いだ」と言われることもありました。「病院に行って、先生に話すように」と言われることもありましたが、彼は定期的に通院をし、服薬も続けていました。

市役所には一日に多い時は一〇回近くの電話を入れ、同様の話を繰り返していました。市役所内では迷惑行為として警察に通報すればよいとの話まで出るようになりました。あまりにも多くの電話が本人から入るため、市役所内で話し合いが持たれ、一度訪問し、自宅内を確認することになりました。確認し、何も被害を確認できなかったことから、市役所内ではヨシキさんの話は妄想であり、電話が来ても聞き流すようにとの空気が流れました。話を聞き流せば、本人は聞いてもらえていないと感じます。納得しないヨシキさんはこれまで以上に電話を入れ、さらには直接出向いて話をするようになり、悪循環になっていました。

市役所の担当者から話を聞き、私は本人が求めているのは何だろう？　イタズラされている現場を確認してほしいからだろうか？　それを確認し、ヨシキさんはどうしたいのだろう？　被害があるのであれば、言い方がよくないかもしれませんが、法的に訴えれば良いのかもしれません。でも、そういう行動は取らず、この半年、話を聞いてもらえていないと感じながらも、電話をする、電話をかけ続ける理由は何だろう？　私にはそこが気になりました。

私は担当者にヨシキさんから話があった際に、私のことを紹介してほしいこと、その上で話をする機会を持ってほしいことを伝えました。その話をした翌日、担当者から私のところに連絡が入りました。

「芦沢さん、芦沢さんと話をした後、ヨシキさんから電話がありました。芦沢さんのことを話したら、話をしたいとヨシキさんが希望しました。お時間を取っていただいて良いですか？」

私は予定を伝え、本人に市役所に来てもらって話をすることにしました。市役所の面談室で待っていると、担当者に案内され、ヨシキさんが来ました。身長は一六五センチほど。ふっくらした体形。寝ぐせのついた髪で眼鏡をかけた男性でした。

「こんにちは。ヨシキさんですか？　保健所で相談員をしています、芦沢茂喜と申します。本日はお時間を作っていただき、ありがとうございます。どうぞ、こちらにおかけ下さい」

「よろしくお願いします。サトウ・ヨシキ（仮名）です」

「よろしくお願いします。ヨシキさんのことはイタズラをされて困っている男性がいるとの話をうかがっています。それで間違いないでしょうか？」

「間違いないです。」

「内容について、ヨシキさんの方から教えていただいてもよろしいでしょうか？」

「はい。イタズラをされています。電話が録音されている。家に誰かが入って電話をイタズラしたと思う。私はいつもノートにメモをしています。それも誰かに持っていかれた。なくなっています」

「ヨシキさんはそれがイタズラだと、どこで分かるのですか？」

「いつもと違うからです。外出して戻った時に、置いておいた物の位置が変わっている。私が電話で話した内容を外であった人達が知っている。電話を誰かがイタズラして、聞いていなければ知らない話を知っている」

「そのことが分かってからこれまで、どのように対処されて来られましたか？」

「電話は電機屋に行って、違うものに変えました。メモは取られては困るから、信頼できる人に預けようと思っています」

「自分自身ができることをヨシキさんはされている。でも、まだ心配があると言うことですか？」

「誰かが入っている形跡が続いています。だから、警察に電話をし、市役所にも言い、見に来てもらっています」

「見に来てもらって、どうでしたか？」

「見に来てはくれるけど、何も取られたものはない。気のせいだと言われます」

「気のせい。ヨシキさんは納得できますか？」

「できません」

「できない時は、どうされていますか?」

「納得できないから、警察や市役所にその後も連絡しています」

「連絡して、どうですか?」

「私が病院に通院しているから、病院に言って下さいと言われます。あと、他の仕事で忙しいから、別の時間に連絡を下さいと電話を切られてしまいます」

「そうですか。ヨシキさんはどうしようと思いますか?」

「それが分からず、悩んでいます」

「こんなことを聞いて良いのか分かりませんが、イタズラをする相手の目星はついているのですか?」

「ついています。多分、あの人だろうと思います」

「相手の目星がついているのであれば、その人に確認するという気持ちはありますか?」

「前に知り合いに頼んでその人に聞いてもらったら、何をバカなことを言っているんだと逆に怒られました」

「そうですか。被害があるのであれば、その人を相手に法的な手続きを取るという気持ちはありますか?」

「そこまでしてしまったら、本当に相手を敵に回してしまうことになります。それはなかなかできません」

「ヨシキさんにとって、望ましい形はどんなものですか？」

「私は謝ってほしいわけではないのです」

「え？　謝ってほしいわけではないのですか？」

「私は話を聞いてほしい」

「もう少し教えていただけますか？　イタズラされているけど、相手にしてくれない。誰も信じてくれない。相手に謝罪を求めているわけではない。話を聞いてほしいというのは、どういうことですか？」

「私がイタズラされていると話しても、誰も信じてくれない。相手にしてくれない。それが辛い。辛いのです」

「話せるようであれば、教えて下さい。ヨシキさんが辛いのは何ですか？」

「自分の存在を認めてもらえていないと感じること」

「逆に言えば、ヨシキさんは認めてもらうことを求めているということになりますか？」

「そうです。認めてほしい。」

「ヨシキさん、私は今日初めて会ったばかりで、何も分かっていないかもしれません。なので、分かっていない人が言っていることだと思い、聞いて下さい。ヨシキさん、自分自身が辛いのだということを相手に言うのは難しいですか？」

「言えない」

「言えない理由を聞いて良いですか？」

「私は高校卒業後、仕事にも就いていない。周りから認められる経験をしてきていない。そんな私が辛いと言っても、俺の方が大変、甘えるなと言われてしまうように感じる。以前、両親に話した時にそう言われたこともあるから」

「そうですか。辛い時に辛いと言えたら、楽なのかもしれない。でも、それを言うのが本当に大変」

「辛い。辛い……（涙声）」

「ヨシキさん、ヨシキさんは一日何をしていますか？」

「病院に行く日は病院に行き、あとは食料品の買い物に出るぐらい。あとは部屋にいます」

「ヨシキさんは何か好きなことはありますか？」

「私は小説や物語を書くのが好きで、時間がある時に書いています。子どもの頃から書いていたけど、進学校に通っていて、勉強の邪魔になると親に言われ、若い頃はなかなか書けずにいました」

「教えていただけるようであれば、どんな小説を書いているのですか？」

「ロボットの恋愛小説です。恥ずかしい」

「そうですか。それを書いていている時は、イタズラされていることを考えますか？」

「その時は小説に集中しているから考えません」

「ヨシキさん、私から提案を一つ良いですか？　今後、イタズラがあったら、私にも教えて下さい。どうしていくのかは、ヨシキさんと相談していきます。私には辛い時は辛いと言っていただいて、大丈夫です。あと、イタズラのことを考える以外の時間をヨシキさんには増やしてほしいなと思います。小説ができて、見せても良いと思ったら、ぜひ見せて下さい。また、それを通じて、小説を書く人や読むのが好きな人など、ヨシキさんと話が合いそうな人と話ができると良いなと思います」

「できるかな？」

「焦らず、一個一個やれるところから、やれることをやってみましょう。今日はヨシキさんとお会いができて良かったです。ヨシキさん、よろしくお願いします」

「よろしくお願いします」

ヨシキさんは話を終え、席を立ち、部屋から出て行きました。

ヨシキさんと会った日の翌日から、私のところにもヨシキさんから電話が入るようになりました。

「ヨシキですけど、芦沢さんですか？　今日、病院に行って、今帰ってきたけど、家には誰もいない、仕事もせず、結婚もしていない。俺はここまで何もできずにいるのかなと思うと辛い」

「辛い。そうですね。そう思う時、私も辛いと感じると思います……」

＊＊＊

これまでの二事例と同様に、ヨシキさんへの私の関わりを振り返りたいと思います。

私はヨシキさんの話を聞いた時、ヨシキさんが話す内容よりも、同じ場所に何度も同じ話をしに行き続けているヨシキさんの行動が気になりました。それは本人が話を聞いてもらえていないと感じている証拠と考え、本人が話したいことは何だろう？　と思いました。

「イタズラをされている」症状を疑わせる話が出てくると、どうしても私たちはその話に引っ張られてしまいます。その話に焦点を当て、そのこと以外を聞かない。話を症状として捉えてしまうと、今度はその話自体も聞かないという対応が取られてしまいます。一度聞いてしまったら本人がこの人には聞いてもらえると思い、何度も話に来てしまうから、話は聞かないと考える関係機関もいるのではないかと思います。

なぜ、ヨシキさんは様々な機関に何度も連絡をしてきたのか？　症状だからと答えてしまえば、話は終わってしまいます。話を聞いてもらえていないのに、諦めずに何度も話に来る。いくら症状だからといっても、そこに何らかの思い、気持ちがなければ続かないように感じます。でも、その思い、気持ちを聞いてくれるところはどこにもありませんでした。

ヨシキさんはイタズラされている辛さではなく、話を聞いてもらえない辛さを話しました。対話という言葉が近年、盛んに言われますが、話を聞く時、これは聞いて良い内容、これは聞かなくても良い内容と取捨選択をしていると、こちらが聞いているのはこちらが聞いても良いと一方的に判断した内容だけになります。

一人殻に籠らざるを得なかった本人が、話をする他者を得て、言葉を紡ぐ作業を続けていく中で、なかなか言えなかった「辛い」という言葉を本人が取り戻す。そのことで、次の新たな関係、新たな展開が生まれてくると私は思います。

第４章
相談の前に、草刈り

これまでは幻覚妄想状態が疑われる事例への関わり方について見てきました。幻覚妄想状態は他者との関係があり、問題が表面に出ていることから捉えやすい面があります。では、他者との関係を回避した自閉やセルフネグレクトといった事例についてはどのように関われば良いのか、以下三つのものがたりを見ていきたいと思います。

まずは、近隣との関わりがなく、自閉的な生活を送る事例を取り上げたいと思います。

*

休日の日中。「今日は買い物にいかないと……」、朝食を終え、着替え、出掛けようとしたところに携帯電話が鳴りました。「ブルブル、ブルブル……」、携帯のディスプレイを見ると、○○警察との文字。「あ〜あ」、軽い溜息をつきながら、着信のボタンを押し、電話に出ました。

「保健所の芦沢です。」

「あ、芦沢さんですか。○○警察の手塚です。芦沢さんで良かった。お休み中のところ、申し訳ありません」

電話をかけてきたのは、日頃、電話でやり取りをしている顔見知りの警察官でした。

「どうされました?」

「申し訳ありません。実は今、保護した事例についてご相談がしたくてお電話しました。本人はコミヤマ・タイチ（仮名）。五七歳、男性。住所は〇〇市……。家族は、両親はすでに亡くなっており、きょうだいもおらず、一人です。元々は市役所に勤務していたようですが、人間関係で悩んで退職。この一〇年ほどは仕事をしておらず、自宅前の畑で野菜を育てて過ごしていたようです。今朝の八時頃、近所のコンビニで品物を買わず、一時間ほど店内をウロウロしていて、おかしいと思った店員が声をかけると、本人がブツブツ独り言を言い、品物を持ったまま外に出たため、店員が一一〇番通報。署員が駆け付け本人を保護。品物の代金は本人が支払ったため、店の方はそれ以上の対応は求めませんでしたが、本人の言動から心配になり、お電話しました」

「ありがとうございます。本人が暴れてしまう、自身を傷つけてしまうといった場合は休日であっても駆けつけますが、話して下さった状況であれば、休日に動くということができないですね」

「そうですよね」

「ただ、そのままで良いという話ではもちろんないので、申し訳ありませんが、明日一〇時に保健所の芦沢という人が家に行くので話を聞かせてもらいたいと伝えていただけますか?本人に家族がいないのであれば状況が分からないので、明日市役所に連絡し、本人と関わりがある人がいるのかも確認してみます。訪問した状況は、また警察の方に報告するようにします」

「申し訳ありません。そのような形でよろしくお願いします。本人には明日、芦沢さんが自宅に行くことを伝えます」

「よろしくお願いします」

翌日、私は本人が住む〇〇市の地区を担当する河野保健師に連絡をしました。

「いつもお世話になっております。保健所の芦沢です」

「こんにちは」

「こんにちは。実はコミヤマ・タイチさんのことをうかがいたくてお電話しました。住所は〇〇市……。一人暮らしだとうかがっています。昨日、コンビニで一時間ほど店内をウロウロ動き、店員に声をかけられると品物を持って出て行くという騒ぎがあり、本人がブツブツ独り言を言っているとのことで、私に警察から連絡がありました。休日だったので、今日本人のところに訪問に行くという話になったのですが、同居の家族がいないため、本人の状況が分からず、保健師さんの方で関わりがあれば教えていただきたくてお電話しました」

「大変でしたね。コミヤマさんとは私は会ったことがありません。先日、市が行っている健康診断を受け、今度結果を返すことになっています。ちょうど本人宛にハガキを送ったところです」

「そうですか。今日、私が本人のところへ行きます。話の状況によっては河野さんに一緒に訪問に行っていただきたいとお願いすることもあるかもしれません。その時はよろしくお願いします」

「分かりました。訪問された状況をまた教えて下さい」

私は電話を切り、コミヤマさんの自宅へ向かうことにしました。

コミヤマさんの家は二階建ての一軒家。自宅前には広い畑が広がっており、近隣の家とは距離がありました。庭に車を停めて家のチャイムを押すと、引き戸が開き、男性が顔を出しました。

男性はボサボサ頭、身長は一六〇センチほど、上下黒のジャージを着用していました。

「こんにちは。コミヤマさんですか？　私は保健所の芦沢茂喜と申します。今日はお時間をいただき申し訳ありません、少しお話をさせていただいて良いですか？」

「はい。何ですか？」

「スイマセン。昨日の件、うかがいました。ビックリされたのではないですか？」

「いきなり警察が来て、驚きました」

「そうですよね、私もそう思います。昨日は買い物で出かけられていたのですか？」

「食事を買いに行っただけです」

「そうですか。スイマセン、本当に。こちらの勝手な話ですが、コミヤマさんが一人で生活されていると聞き、お困りのことがないのかと気になってしまい、警察に無理をお願いし、このように来させていただきました。何か困っていることはありますか？」

「特にないですよ。一人で何でもできますから」

「そうですか。いつ頃からお一人なのですか？」

「父が一〇年前に亡くなり、母は三年前です」

「そうですか。身の回りのことはもうお一人で長くされてきたから、慣れたものですね」

「ええ」

「今日、うかがってみて、家の周りが広い畑で驚きました。こちらはコミヤマさんの畑ですか?」

「ええ」

「一人で管理されているのですか?」

「ええ（ブツブツ……）」

「え?　何か話して下さいました?」

「いえ、何でもないです」

「何か気になることがありますか?」

「特にないです」

「そうですか。畑の管理は大変ではないですか?」

「今は農閑期で仕事がないから良いけど、農繁期の時は大変ですよ」

「畑では何を育てているのですか?」

「野菜です」

「出荷しているのですか?」

「どこにも出していないです。自分で食べるぐらいです」

「そうですか。これだけ広ければ大変ですよね。他の方のお宅にお邪魔すると、人に手伝ってもらうというところもあるようですが、コミヤマさんはそのようなことを考えたことはあるのですか？」

「ないです。人と一緒にやるとこちらのペースが乱れるので」

「そうですか。今は農閑期ということですが、何か仕事はあるのですか？」

「本当は畑の草を刈りたいけど、刈れなくて……」

「何か理由があるのですか？」

「この頃、体調が良くなくて。年々、身体も、気持ちも衰えてくる中ですべてのことをやるのは大変だなと思っているんです」

「そうですか。コミヤマさんがよろしければ、私も草刈りのお手伝いしますが？」

「え？」

「私の家も元々は農家でして。肩にかける電動の草刈り機があるので、よろしければ次に来させていただいた時にやりますよ」

「そんな、悪いですよ」

「気になっていることをやれずに悩むのは辛いなと感じます。もちろん、私一人ではできないので、コミヤマさんと一緒にさせて下さい」

「良いのかな？」

「ぜひやらせて下さい」

「じゃあ、お願いしようかな」

「分かりました。コミヤマさん、いつ来させていただいて良いですか？」

「明後日はどうですか？」

「明後日であれば午前中に来られます。九時三〇分頃でも良いですか？」

「はい。スイマセン、よろしくお願いします」

「よろしくお願いします」


二日後、私は自宅にある電動の草刈り機を持ち、本人の家に訪問しました。九時三〇分の一〇分前に行くと、本人はすでに自宅前の畑に出て草刈りを始めていました。私が来たことに気づいたコミヤマさんは作業を止め、私の車に近づいてきました。


「おはようございます。よろしくお願いします」

「おはようございます。こちらこそよろしくお願いします。コミヤマさん、これ」

私は水分補給のために購入したペットボトルの経口補水液を本人に渡しました。

「ありがとうございます」
「では、はじめましょうか」

私は持って行った草刈り機の電源を入れ、本人と少し距離を置いた場所で草刈りを始めました。少しの休憩を挟みながら一時間三〇分ほど作業をしました。生い茂っていた草が刈られ、見渡しがよくなった畑を見て、本人が「今日はこのくらいで終わりましょう」と話しました。草刈り機の電源を切り、下に置くと、本人から「こちらにどうぞ」と声をかけられました。「はい」と答え、本人の後を付いていくと、先日は入れなかった家の中に入れてくれました。玄関の引き戸を本人が引くと、中は昔ながらの家の装いで、玄関横に畳の部屋が二部屋ありました。本人は家に上がって畳部屋の窓を開け、私を縁側に案内しました。私が縁側に座ると、本人は私が朝、渡したペットボトルを一本私に差し出し、もう一本を自ら取り、蓋を開けて一気に飲みました。

「今日はありがとうございました」
「いえいえ、ありがとうございました。私もうかがった時に草が気になったので綺麗になって良かったです。これまでコミヤマさん、一人でされていたのですか？」

「していました。でも、出来ていなかったかもしれません」

「どういうことですか？」

「両親がいた時はしないと色々言われるから、やっていました。でも、両親がいなくなり、言われる人がいなくなると、なかなかやる気がおきず、母が亡くなってからはほとんどできていませんでした」

「そうですか。聞いて良いのか分かりませんが、生活費とかはどうされていたのですか？」

「私は以前、働いていたので、その貯蓄と、両親が残してくれたお金があったので、どうにか」

「そうですか。今後の生活とかに心配はないですか？」

「心配です」

「考えていることはありますか？」

「何も……。仕事をやろうと思っても、身体が動きませんし、何もできない自分なんていなくなった方が良いのではと思います」

「それはどのくらい前から思っているのですか？」

「母が亡くなった頃からです」

「長い間、苦しんできているのですね。眠れなくなることはありませんか？」

「眠れないです。寝た気がしないです。夜、眠れないからずっと起きています。過去に書いた日記などを見ていると色々思い出してまた眠れなくなる。不安になって人がいるところや音があるところに行きたくなり、コンビニに行っていました」

「コンビニ……」

「そこに行けば灯りが付いていて、誰かいて、音がする。そこにしばらくいて落ち着いたら家に戻り、寝ていました」

「そうですか。コミヤマさん、私の話を聞いていただけますか?」

「はい」

「眠れない場合、薬を飲んで眠れるようになる人もいますが、コミヤマさんは薬についてはどう思いますか?」

「分からないですね。飲んだことがないから」

「たとえば、薬をもらい、眠れるようにする。あとコミヤマさんがよろしければ、今は仕事ができない状態であると医師が判断した場合、少し申請までに時間はかかりますが、年金を受給することも人によってはできるかもしれません。そうすれば二か月に一回、まとまった金額が振り込まれます。コミヤマさんが仕事をされていたようであれば、仕事をされていた分の上乗せがあるかもしれません」

「そんなものがあるのですか」

「私の話を聞かれてみて、気になることはありますか？」

「お金がもらえるのは有り難いです。でも、不安ですね、病院に行くのは」

「私がコミヤマさんに合うかなと思う先生の予約を取ります。取ったら一緒に行きましょう。行ってみて、嫌だなと感じたら次にどうしたら良いか一緒に考えましょう。こんな形ではいかがですか？」

「どうしようかな……お願いします」

「分かりました。戻ったら予約を取ってみます。取れたらコミヤマさんに連絡を入れたいのですが、電話番号を聞いても良いですか？」

「０９０‐×××……」

「ありがとうございます。では、私はここで失礼しますね。またご連絡します」

「ありがとうございました」


私は草刈り機を片付け、車に乗り事務所に戻りました。事務所で病院の予約を入れ、本人に連絡を入れました。予約した日には本人の家まで迎えに行き、私の運転する車で病院に行って受診しました。その後は一か月に一回、本人自ら車を運転し、受診を続けました。

私が会った時は本人が伝え忘れていましたが、市役所に勤めていた時に職場から言われ一度精神科に行っていたことが分かりました。私が思っていたよりも早く年金申請をすることができ、無事年金を受給することができました。年金の受給決定が届いた日に本人から私に電話がきました。

「芦沢さん、年金が決まりました。良かったです」

「良かったですね」

本人の声ははずんでいました。

＊＊＊

これまでの事例と同様に、私の関わりを振り返ってみたいと思います。

コミヤマさんは私と話している間、独語を思わせる言動がありました。自身がいなくなった方が良いと感じており、私は受診の必要性を感じました。でも、それをそのまま本人に伝えて、本人が受け入れてくれるかと考えると、難しいように思いました。

このような事例では、「『自分はいなくなった方が良い』と言われたら、私（支援者）が心配だから受診をしてほしいと伝える」と話す支援者に出会うことがあります。すでに、本人との間で関係性が持てている場合は本人が受け入れてくれるのかもしれません。でも、会って日も浅く、関係性が持てていない場合、本人が動くかといえば、難しいように感じます。

精神疾患が疑われる場合、「まずは受診」と多くの人は考えます。でも、受診を目的に関わろうとした場合、こちらが決めた目的に本人を従わせたい気持ちが強くなり、本人に拒否されたらより強い説得を試みようとします。どちらが折れるのかを互いに争うようになり、結果として関係が切れてしまいます。

大事なことは受診ではなく、関係性。関係性が築けなければ、受診に限らず、他のことも話すことができません。逆にいえば、関係性を築くことができれば、他の話であっても本人との間ですることができます。

これまでの事例で、「ロックスター」や「姫」の話に私が合わせたように、私は本人と会う時、本人の波長に合わせる「チューニング」という作業をします。こちらの話は最小限にし、ラジオの周波数を合わせるように、本人の話に合わせていきます。その上で本人との間で折り合えるところを探します。折り合える内容としては、相手の「こまりごと」に焦点を当てます。「こまりごと」が出てこなければ、私が本人だったらと考え、話を聞きながら、「こまりごと」を出していきます。

コミヤマさんの場合は草刈り。「こまりごと」が出てきたら、それに対してどう対応するのかを考えていきますが、ここで大事なことは私がアドバイスをし、相手に行ってもらうではなく、私も関与しながら、一緒に取り組むという形を取ることにしています。取り組む内容が決まれば、「鉄は熱いうち」ではありませんが、間隔を空けず、すぐに動くことにしています。

私は相談員という役割を与えられているので、相手の話を聞くことが仕事なのかもしれません。その私が相談ではない仕事、コミヤマさんの事例では草刈りをするのはおかしいと思う人もいるかもしれません。でも、相談員という役割を私がしているから、相手が話してくれるという考えも違うような気がします。これまで取り上げてきた事例の中には警察に保護されており、最初から私と会わないといけない状況に置かれていた事例もありましたが、そのような状況でなければ、私に話をしても良いと本人が思える環境を「私が」整える必要があると考えています。

環境を整える上で、必要であれば草取りでも、部屋の片づけでも、私のできる範囲のことはする。相手が気になっていることを一緒に取り組むことで相手との間に共通の思い出ができる。それが話をしていく上で大事になってくると私は思います。

話をし、話を聞く関係性を築いていくことで、問題の発端となったコミヤマさんがコンビニに行き、なかなか外に出なかった理由も、病状ではなく、灯りがほしくて行ったことが分かってくるのだと思います。

第5章
支援は終わらない

次も、近隣との交流がなく自閉的な生活を送る事例を見ていきたいと思います。

＊

ヨウスケさん（仮名）は五五歳の男性。両親との三人暮らし。会社員をしていましたが、会社の人間関係を築くことができず退職。退職後は両親と自宅の畑で農業を営んでいました。友人や近隣とのつながりもなく、出荷など、外部と接点を持つところは両親が担っていたため、近隣の方もヨウスケさんがいることは知っていたものの、しばらく会っていないという状況でした。

ヨウスケさんが五〇歳になった時、八〇歳を超えた父親が自宅で倒れて救急車で運ばれ、そのまま亡くなりました。父親名義のものはヨウスケさんに変えられ、父親がやっていた仕事を担わなければならなくなりましたが、それができず。母が代わりに出て、「うちの息子は体調がすぐれなくて出てこられないです」と話す状況が続きました。

ヨウスケさんが五三歳になった時、母親が買い物に出かけたまま自宅に帰ってこられないことがあり、心配したヨウスケさんが一一〇番通報。地域の防災無線で行方不明であることが地域住民に伝えられたことがありました。母親は買い物に行ったはずのスーパーとは逆の方向、自宅からは五キロ離れたところで見つかりました。無事見つかったとの報告を受け、近隣住民が自宅に集まった時に近隣の人たちはヨウスケさんの姿を久しぶりに見たといいます。

体型は中肉中背。眼鏡をかけ髪の毛はボサボサ。寝起きのような状態で現れたヨウスケさんに近隣住民は驚きました。声をかけても、「ええ」「まあ」とうつむき加減で答えるのみ。両親だけが表に出て、ヨウスケさんがなかなか出てこられなかった理由を近隣住民はその時に知りました。

母親は警察の勧めもあり精神科病院を受診。アルツハイマー型認知症の診断を受けて介護保険の申請をし、認定後にデイサービスを週二日、ホームヘルパーを週二日、受けることになりました。訪問に入ったヘルパーが自宅に入ると、自宅は物に溢れた状態。ゴミもゴミ袋に入ったまま捨てられておらず、台所は使った食器が洗われずにそのままの状態で放置されていました。ヘルパーがすべての掃除をすることはできないので台所と母の居室のみ、最低限の掃除をしてその後の支援に入りました。

母が畑に出られない以上、ヨウスケさんが畑に出て作業をしなければなりませんが、ほとんどの時間は家におり、外出するのは母の通院の付き添いと食料の買い物のみ。ヘルパーの訪問時とデイサービスの送り迎えの時には顔を出すものの、その他は自室から出てきませんでした。

農業収入が入ってこないため、生活費は父が残していた貯蓄と母の年金で賄っていました。

そのような状況が続いた夏の蒸し暑い日、母親が自宅で倒れて救急車で運ばれることがありました。蒸し暑い日が続いていたため熱中症を疑われましたが、検査の結果、癌が見つかり、それほど長くは生きられないとの話が担当医より、ヨウスケさんに伝えられました。

その翌日から、ヨウスケさんは頻繁に母が入院している病院に電話をするようになります。「母は元気ですか?」「大丈夫ですか?」、一日に多い時は一〇回以上。初めは「大丈夫ですよ」と丁寧に応対していた病院もあまりにも回数が多いために業務が回らず、困るようになりました。面会に来ていた母の弟（ヨウスケさんからすると叔父）に病院が連絡を入れ、叔父がヨウスケさんに「大丈夫だから、病院に任せろ」と話しても、ヨウスケさんから病院への電話は続きました。母は入院して一週間ほどで亡くなりました。

葬儀はヨウスケさんが喪主となりましたが、葬儀場で取り乱してその場に落ち着いていることができず、葬儀の間ヨウスケさんは別室に移され、叔父が代わりに葬儀を取り仕切りました。

葬儀後は叔父が自宅を訪ねてヨウスケさんに今後のことについて話をしようとしても、泣き叫んで会話にならない状態が続きました。その後も母が入院していた病院に電話を入れ、「何で母は亡くなったのですか?」と頻繁に聞くため病院が困り、病院より連絡を受けて私が関わることになったのです。

私は本人の住む地域を担当する市の保健師（佐藤さん）に連絡を入れました。佐藤さんはヨウスケさんの両親のことは知っていましたが、ヨウスケさんのことは知りませんでした。私は佐藤さんと一緒に訪問することにし、病院から叔父に連絡をしてもらい、叔父から本人に市役所と保健所の人が今後の相談に来るからと話してもらうことにしました。

佐藤さんと共に住宅地図を見ながらヨウスケさんの自宅に向かいました。ヨウスケさんの自宅は民家が立ち並ぶ住宅街の一角にありました。元々が農家なので、自宅前には広い庭があります。私たちはそこに車を停めました。

玄関の引き戸を開け「こんにちは」と何度か声をかけると、奥から男性が出てきました。上下のジャージ姿で眼鏡をかけ、髪はボサボサ。聞いていたヨウスケさんの特徴と一致し、ああヨウスケさんだなと思いました。

「こんにちは。ヨウスケさんですか。私、芦沢茂喜と申します。保健所で相談員をしています。この地区を担当しており、市の地区を担当する保健師さんとグルグル担当地域を回っています。今回、叔父さんより、お母さんが亡くなられて一人暮らしをされている甥がいるので相談に乗ってほしいとの話を受け、うかがいました。よろしくお願いします」

「はい」

「ヨウスケさん、今起きられたばかりですか？」

「はい」

「そうですか。それは申し訳ありませんでした。少しお話をさせていただいてよろしいですか？」

「はい」

「お母さんが亡くなられたとの話ですが、そちらはもうやらなくてはいけないことは終わっておりますか？」

「……はい」

「そうですか。叔父さんからは、色々な書類の手続きとかも何もしていないと思うとうかがいましたが……」

「ああ……」

「今日、市役所の人も来ていますが、亡くなった届けを市役所に出した時に、やってもらいたい手続きの紙をもらったのではないかなと思うのですが、ありますか？」

「ああ……」

いったん本人が奥の部屋に行くと、ガサガサと書類と書類がこすれる音が聞こえ、手に何通かの書類を持って戻ってきました。

「これです」

「見ても大丈夫ですか？」

差し出された丸められていた書類を伸ばしながら声をかけ、書類を確認しました。年金や健康保険などの停止の手続きなどが必要なのが分かりました。

「窓口に行って手続きをしないといけませんが、ヨウスケさん、市役所に行くことはできますか？」

「はい」

「ご予定はありますか？」

「ないです」

「佐藤さんは、いつが都合が良いですか？」

「明日なら一日庁舎にいます」

「であれば、ヨウスケさん、明日の午後二時頃、市役所にお越しいただけますか？　持ってきていただくものはこの書類に書かれているものになります。印鑑、介護保険被保険者証……来ていただいたら、どこの場所に行き何をすれば良いかは、佐藤さんがご案内します。どうですか？」

「はい」

「今、ヨウスケさんが困っていることは他にありますか？」

「ありません」

「ありがとうございます。まずは、手続きをしましょう。その上で、手続きが終わった後、明後日に改めてお話をさせて下さい」

「はい」


ヨウスケさんは翌日、市役所に来ました。服装は私たちが訪問した時に着ていた服装のままです。

市役所内の手続きはできたものの、父が亡くなった時に名義をすべてヨウスケさんに変えたと思っていたけれど母名義のものが一部あることが分かり、それは叔父にも話をして手続きをする必要があることが分かりました。

佐藤さんに本人の様子を聞いたところ、手続きの間、本人は下を向き、相手の話に小さく「はい」と話すのみで、あとはブツブツ独り言を話しており、声が小さく、何を話しているのかは分からなかったとのことでした。

本人と約束をした訪問日。私は佐藤さんと自宅に向かいました。前回同様に玄関の引き戸を引き、「こんにちは」と声をかけると、今回は一度の声掛けで本人が姿を現しました。

「こんにちは。ヨウスケさん。昨日はありがとうございました」

「いえ」

「疲れませんでしたか？」

「はあ」

「ヨウスケさんは、日中はどうされていますか？」

「日中……日中」

「家で何をされていることが多いですか？」

「パソコン」

「パソコンで何をされていますか？」

「ネット」

「ネット。今、ヨウスケさん、生活をされていて、困ることはないですか？」

「困ること……」

「食事はどうされていますか？」

「買っている」

「どこに買い物に行きますか?」

「スーパー」

「そこまでは何で行きますか?」

「車」


そんな会話を続けました。会話の中で、私が話している間に小さく独り言を言う仕草も見られました。本人は困ることはないと話すものの、玄関から見える奥の部屋は物が散乱としており、身の回りのことができているとは思えませんでした。ただ、他人が家に入ることはなかなか本人が受け入れてくれませんでした。

週に一回、佐藤さんとの訪問を続けたある日、叔父より連絡が市役所に入りました。叔父が母名義のものをヨウスケさんに名義変更する件について話をしたところ、本人が混乱して飛び出してしまったとの内容でした。佐藤さんより連絡を受け、市役所で佐藤さんを拾って自宅へ向かいました。

自宅に行くと、私たちの車が庭に停まったことを確認した叔父が家から出てきてくれました。

「スイマセン、お電話をしまして。ヨウスケに母親名義の土地の名義変更の話をしに来たのですが、その話の中で、『何でお母さんは死んだんだ』『もっと早く病院に行けば良かったんだ』などと言い出し、その後は一人でずっと話し続け、私がなだめようとしたら、私の手を振り払い外に出て行ってしまいました。あいつは昔から線が細く、姉と兄貴が心配していました。なるべく刺激になるようなことはさせないようにと気を配り、結果何もできないアイツだけ残ってしまった。もっと早く姉たちも周りに助けを求めれば良かったのに、世間体を気にして話さなかったんです。ダメなアイツでも跡取り息子ですから」

「そうですか。叔父さんはヨウスケさんをどうしたら良いと思いますか？」

「俺は前から姉に『病院に行かなければダメだ。放っておくと後で大変なことになるぞ』と言っていた。それを姉が『そんなことを言っても、ヨウスケが首を縦に振らないよ』と拒否していたんです。俺は、ヨウスケはおかしくなっているから病院で診てもらった方が良いと思っています」

「そうですか。少しヨウスケさんが来るのを待たせていただいても良いですか？」

「もちろん、構いませんよ。外だと目立つので、中にお入りください」

私と佐藤さんは叔父の案内で家の中に入りました。これまでは玄関までしか入れずにいて、中の様子が分かりませんでしたが、中は物が溢れ、書類らしき紙の束があちこちにあり、タンスの引き出しも開けたまま、足の踏み場もない状態でした。

「スイマセン。座るところがなくて。適当に書類をどこかに置いて座って下さい」

「ありがとうございます」

私たちは書類の束を集めて自分たちが座るスペースを確保し、本人の帰りを待つことにしました。

待つこと三〇分、本人が帰ってきました。私たちがいることに驚いた表情を見せたものの、私たちがいる部屋で唯一置いてあった椅子に本人は座りました。

「ヨウスケさん、こんにちは。急に来てしまってスイマセン。叔父さんよりヨウスケさんがいなくなってしまったとの連絡をいただき、うかがいました。どちらまで行かれたのですか？」

「近所です」

「何があったか、教えていただくことはできますか？」

「僕はずっと両親と一緒にいました」

「はい」

「両親がいることが普通だった。それなのに父がいなくなり、母がいなくなった。もう終わりだと思った」

「どういうことですか？」

「僕は何もできない。何もできない。何もできない」

本人は自身の髪をむしるような仕草をしました。

「そう思うのですか？」

「そう思う……」

話の合間、合間で、本人は独り言を言っていました。

「終わりだって話して下さいましたけど、どういうことですか？」

「もう死んだ方が良いです。俺なんか……」

「……そういう気持ちなのですね」

「そんなことを言うな。姉さんと兄さんがどれだけお前のことを大切にしていたかを考えろ」

黙って聞いていた叔父が声を上げました。


「叔父さんには分からないよ。俺の苦労なんて……」

「俺には分からん。でも、俺はお前が普通ではないと思う。だから、死んだ方が良いなんて言うのだ。姉さんたちのためにも病院に行って、しっかり治してもらってこい」

「叔父さんはすぐそんなふうに言う。俺の気持ちも分からず」

「お前は跡取り息子なのだから、家のことも考えろ」

「まあまあ。ヨウスケさん、ヨウスケさんは自分自身の状態をどんなふうに思っていますか?」

「よくないですよ」

「よくない。もう少し教えてもらえますか?」

「夜も眠れないし、何もする気が起きないですよ」

「そういう時はどうされているのですか?」

「テレビをずっとつけています。テレビから音が聞こえると誰かいるように感じるから」

「そうですか。ヨウスケさんは病院への受診についてはどのように思いますか？」

「僕はおかしくない。行ったら、ダメになりそうな気がする」

「ダメになりそうって、どうなりそうですか？」

「自分が自分でなくなりそう」

「それはヨウスケさんにとっては、受け入れできないことですか？」

「できないよ。できない……」

「私の話、ヨウスケさん、少し聞いていただいても良いですか？　私、ヨウスケさんの話を聞いていて、ヨウスケさんはずっと戦ってきたのだなと思いました。幼い頃からずっと。体調がすぐれなくても、跡取り息子だから、自分しかいないからと頑張ってきた。ご両親が亡くなった後も、今の自分自身の状態が大変な中で頑張ろうとされている。そう思います。頑張ることは大事なことかもしれません。でも、私はヨウスケさんに少し休んでほしいと思いました。ヨウスケさん、休めていますか？」

「休めていないです」

「そうですか。頑張ろうという気持ちは大事なことかもしれません。でも、今のヨウスケさんはガソリンがない中でエンジンをふかし、頑張ろうとされているように感じます。今はガソリンを貯める時期。少し休んでみませんか？」

「……どうしよう」

「ヨウスケさん、今、私の方で診ていただける病院を当たります。病院が見つかったら一緒に行っていただけませんか？　私たちが同行します。ヨウスケさんにとって嫌なことがあったら言って下さい。それは私たちからお話しします。どうですか？」

「ヨウスケ」

叔父さんが優しく声をかけました。

「……分かりました」

「では、今、病院を当たります。少しお時間を下さい」

私は自宅近くの病院に連絡を入れ、状況を説明。すぐ来られるようであれば診てくれるとの返事をもらったので、すぐに本人、叔父と一緒に病院に行きました。診察時、本人は私と話をした時よりも疎通が悪く、独り言を話す時間が長かったように見えました。結果、担当した医師より入院を勧められ入院しました。本人が拒否をするかと思いましたが、入院を伝えられたら「荷物をどうしたら良いか？」と叔父に聞き、叔父の「俺が持ってくるから」との答えを了承。迎えに来た看護師に付き添われ、本人は病室に行きました。

入院して二週間が過ぎた頃佐藤さんと一緒に面会に行くと、本人は「あの時はスイマセンでした。何があったのかよく覚えていないのですが、叔父からお世話になった方だと聞いて……」と話しました。髪は短く切られ、来ている服も綺麗なものに変わっていました。

「改めまして、保健所の芦沢茂喜と申します。ヨウスケさんの今後のこと、また一緒に相談させてもらいたいと思います」

＊＊＊

これまでと同様に私の関わりを振り返りたいと思います。

私が本人と関わる時に大事にしていることがあります。本人の精神症状、家族の状況……アセスメントの項目が浮かぶ人もいるのかもしれません。でも、私が大事にしたいのは、私が本人の暮らす環境に身を置いた時に感じた感覚になります。具体的に、ヨウスケさんの家に足を踏み入れた時に感じたのは、「寂しさ」でした。

寂しさ以外には孤独、孤立という言葉が浮かびました。孤立しているヨウスケさんに沿った対応はどのようなものなのかを考えました。本人の言動から精神症状が疑われ、早めに叔父に連絡を入れ、受診につなげるとの判断もあるのかもしれません。でも、私は本人が渋々でも納得できる形をどうにか作りたいと考えていました。効率が悪く、無駄なように感じる時間が本人と関わる大事な時間のように感じています。

関わりは続く。続く以上は、支援に終わりはない。病院の受診に伴い私の関わりが終わるわけではない。関わる人が増えていくことはあっても、中心になるところは変えずに進めていく。本人を支える形は変えず、支援し続けることが大事なのだと思います。

第6章
開かないドアが開くとき

次は、近隣との関係がないだけでなく、セルフネグレクトをしている事例を取り上げたいと思います。

＊

五十代の男性、トシヤさん（仮名）。トシヤさんは高校卒業後、機械部品を扱う会社に事務職として就職。同じ会社に勤めていた女性と結婚。女性との間に女の子が生まれ、家を建て、多くの人がイメージする幸せな生活を過ごしていました。しかし子どもが三年生になった年に勤めていた会社の業績が悪化。会社は人員整理を行い、トシヤさんもその対象となって会社を解雇となったのです。

妻は結婚を機に会社を退職していたため、トシヤさんの収入のみで生活しなければならず、解雇後は失業保険をもらいながら仕事を探しました。ただ、トシヤさんの年齢はすでに四〇歳を過ぎており、特に資格を持っていなかったトシヤさんはなかなか仕事が決まりませんでした。結局、新聞広告に掲載されていた派遣会社に登録して二交替制の工場に勤めることになりました。

これまで日勤帯の事務仕事しかしたことがなかったトシヤさんは新しい仕事に慣れることが

できず、夜も眠れず食事も取れず、日に日に痩せていきました。痩せていくトシヤさんを心配した妻から説得されて精神科を受診。休養と治療が必要との診断を受けたため、仕事を退職して入院することになりました。

二か月の入院後は二週間に一回の通院を続けました。収入がないため、妻がスーパーのレジの仕事に出るようになりました。娘は学校に行っており、日中は通院以外の予定が何もないトシヤさんが家にいるという生活になりました。自分が家族のお荷物になっている。そう感じ、できる仕事をしようと動くものの、身体と気持ちが動かない。妻からは休むように言われても、それを受け入れることができないトシヤさん。夫婦間で喧嘩になることが多くなり、妻は離婚届をテーブルの上に置き、娘を連れて、実家に帰ってしまったのです。

一人になったトシヤさん。妻と話をしたくて妻の実家に行っても、義父母は妻と娘に合わせてくれません。仕事を見つけて妻と娘に帰ってきてもらおうと仕事を探しますが、見つけられたのは前回上手くいかなかった工場での二交替制の仕事。今度は大丈夫と、再度挑戦するものの一か月と続かず。前回と同様に食事、睡眠が取れない状態になりました。

前回は心配してくれた妻が今はいません。今回は本人の状態を心配したトシヤさんの母が救急車を呼び一般科病院に二週間の入院。退院後、トシヤさんは離婚届を書き、市役所に提出。その後は、自ら建てた自宅に籠るようになりました。

食事は母にメールを送り届けてもらう。本人が可哀そうだと母も思い、二か月ほどは協力していましたが、三日に一回の頻度で届けていたため、体力的にも経済的にも大変となり、本人に間隔を空けてほしいというメールをしました。それを本人は受け入れず、母に食事の催促メールを頻回に送り続け、多い時は一日二〇〇件以上となりました。

怖くなった母は市役所に相談。市の担当者から、以前入院したことのある精神科病院に相談するように言われたため母が精神科病院に相談しますが、病院に来ていない人に対して相談に応じることは難しいとの返事。困った母が、再度、市役所に相談。担当者より私のところに連絡が入りました。

私は担当者に、母と話をする機会を作ってほしいとお願いしました。市役所から連絡が入った三日後、市役所で母と会うことになりました。面談室で待っていると、小柄な女性が担当者に案内され、部屋に入ってきました。

「こんにちは。トシヤさんのお母さんですか？　私は保健所で相談員をしています芦沢茂喜と申します。本日はお時間を作っていただき、ありがとうございます」

「トシヤの母です。よろしくお願いします」

「だいたいの概要はうかがっています。トシヤさんの状況はどうですか？」

「三日に一回、前日に本人から届いたメールを見て、食料品を届けています。届けると言っても、ドアにチェーンロックがかかっていて中に入れないので、玄関のドアノブにビニール袋をかけて置いてきます。チェーンロックの間から中をのぞくと、食べた後のゴミが玄関に置かれており、中から尿の匂いやカビ臭い匂いがします。夕方、気になるので、朝置いたものがなくなっているか見に行きます。なくなっているので、大丈夫、食べていると思いますが……、分かりません」

「そうですか。トシヤさんからメールはどのくらい来ますか？」

「私、怖くて。携帯の使い方がよく分からないから、私の使い方も悪いのかもしれないけど、同じ文面のものが何回も送られてくる。携帯の音がなるだけで、私には恐怖です」

「どんな文面ですか？　見せていただいてもよろしいですか？」


私は母の携帯を見せてもらいました。メールには、「パン。タバコ。コーヒー……」といったように、物の名前が羅列されていました。同じ内容のメールを数分の間に何十通と送っている履歴があり、母が携帯を見るのが怖くなるのも当たり前のように感じました。

「お母さんはどうされたいですか？」

「ご飯は私が届けているから、食べていると思う。こうやって、自分がほしいものをメールで書いてくるのだから、飲み食いはしている。それは良いけど、この形を続けられても困る。本人には収入がないから、私の蓄えと年金でやっている。本人は離婚時に養育費を払う約束をしており、通帳からは一定額、自動で引き落とされている。それも、あとどのくらい残っているのか……。あと、家の中をのぞいたら、ゴミだらけ。悪臭と言ったら良いのか、くさい。掃除もしていないし、あのままなら困る」

「そうですね。困りますね。お母さん、今度お母さんが食材を届けに行く際に同行しても良いですか？　私も行って、今、お母さんが話してくれた状況を確認できると良いなと思います」

「来てくれますか？　よろしくお願いします」

「次は、明日行きますか？」

「行きます」

「何時に行かれますか？」

「九時頃かな？」

「であれば、九時前に私も本人のご自宅にうかがいます」

「よろしくお願いします」

「よろしくお願いします」


私はトシヤさんの家に行くことにしました。翌日、八時五〇分頃に家に着くとお母さんがすでに来ており、家の前で待ってくれていました。


「おはようございます」

「おはようございます」

「お母さん、いつものようにしてもらって良いですか？」

「はい」


お母さんは玄関をノックし、ドアノブを回します。チェーンロックがかかっているため少し空いた空間に顔を入れ、「トシヤ、起きているか？　ご飯、持ってきたから、ここにかけておくぞ」と声をかけてドアを閉め、ドアノブに持ってきた荷物をかけて私が待つところに戻って来ました。

「お母さん、ありがとうございます」

「臭いが凄いです。あれは尿かな？　トイレが詰まっているのかもしれない。見て、確認したいけど、中に入れないからダメ」

「お母さん、本人に私のことを紹介していただいて良いですか？」

「え？」

「お願いします」

私は母と一緒に玄関に行き、母が先ほどと同じように、わずかに空く隙間から本人に声をかけました。

「トシヤ。お母さん、どうして良いか分からないから市役所の人に相談した。今日、一緒に来てもらった。話を聞いてくれ」

「トシヤさん。おはようございます。先ほど、お母さんは市役所と言って下さいましたが、私は保健所というところに勤めている芦沢茂喜と申します。トシヤさんがご自宅で生活をされていますが、お母さんの方でなかなかお会いすることができないという話をうかがい、今回一緒に来させていただきました」

私がそう声をかけると、部屋から空き缶を投げ、その空き缶が壁に当たる音が聞こえました。

「いきなり来て、何をする気だ。そう思うのが普通かもしれません。私がトシヤさんなら、そう思います。俺は頼んでいないのに勝手なことをしやがってって。そうだと思います。今日、来たのはお母さんからの話があったからですが、来ると決めたのは私です。悪いのは私であり、お母さんではありません。トシヤさんがご自分の判断で生活をしているのであれば、誰に文句を言われるものでもありません。ただ、お母さんが毎回、食材を届けている。親であれば当たり前。そう思う人もいるのかもしれません。でも、それを続けるのは大変なことだなと感じます。私は、トシヤさんとお母さんとの間で、お互いに続けられる形を探し、見つけたいとの思いで来ました。それが決められれば私はもう来ません。話をさせていただけませんか？」

私が話を終える前に、もう一度、空き缶を投げ、壁に当たる音が聞こえました。

「今日はこれで帰ります。また、来させて下さい。ありがとうございました」

私はそう言い、ドアを閉めました。これ以降、私は週に一回、母が食材を届けに行く際に同行し、声かけを続けることにしました。しかし毎回、空き缶を投げつけるか、無言という反応。私は状況が動くキッカケを待っていました。

母との訪問を二か月ほど続けたころ、母より『子どもへの養育費の自動引き落としができず、そのことで銀行と、別れた妻から連絡が入った』との話がありました。母が元妻に事情を説明すると、『あの人はダメな人ですね。でも、娘の養育費はどうにかして下さい』と言われ、今回は母が代わりに、元妻の通帳に振り込んだとの話でした。私はそのことを本人に話しましょうと、母に伝えました。

「トシヤ。起きているか。食べられているのか？　身体は大丈夫か？　食材はいつもどおり置いておくぞ。あと、トシヤ。一昨日、銀行から連絡があった。ミライ（娘）の養育費でお前が毎月、自動引き落としにしていたのが、通帳に金がなくて送れないとの話だった。お金が入ってこないから、サキさん（別れた妻）からも電話があったよ。困ると言うのでお母ちゃんが代わりに払った。でも、お母ちゃんもそんな金があるわけではないから、これ以上はできない。お前がしてくれ。お母ちゃん、もうシンドイよ（涙声）……」

「トシヤさん、おはようございます。芦沢です。ゴメンナサイ。一緒にいたので、お話を聞いてしまいました。トシヤさんからすれば、俺がどうせ悪い、でも俺にどうしろって言うのだといった気持ちになりそうだなと感じます。上手く言えませんが、トシヤさんがどう生きていくのかは、トシヤさんが決めれば良いと思います。でも、お子さんやお母さんのことは、どうにかした方が良いかなと思います。私からトシヤさんに一つ提案があります。今の状況ですぐにトシヤさんが仕事につき、収入を得ることは難しいと私は思います。では、今の状況をどうすれば良いのか？　トシヤさん、年金って聞いたことがありますか？　年を取ったら、もらえるもの。それが一般的ですが、年を取っていなくても、体調などを理由に仕事ができず、収入がない人を対象にした年金があります。一般的なものだと、二か月に一回で一二〜一三万円。トシヤさんは仕事をされていたので、その分の上乗せがあると思います。申請のためには、仕事ができないという証明が必要であり、その証明ができるのは医療機関になります。申請には病院にかかって一年六か月経過している必要があり、お母さんからうかがいましたが、トシヤさんは以前、○○病院（精神科）にかかっていた経過があるそうですね。そこをスタートにすれば、今の時点でも申請できる可能性があります。トシヤさんにとっては、何で今更また病院に行かないといけないとの気持ちになるかもしれませんが、仕事を探して、収入を得ることを考えれば、その方が楽だと思います。いかがですか？　病院、年金申請の調整は私の方でします。申請が早ければ、娘さんの養育費も止めずに続けることができると思います」

私が話し終えるころ、階段をおりてくる音が聞こえました。本人が玄関に来て、座りました。わずかに空いたドアの隙間から見た本人は上下ジャージ姿。髪は伸び放題に伸び、髭も剃っておらず、髪は風呂に長い間入っていないため、油で固まっているように見えました。


「トシヤさん、初めまして。芦沢と申します」

「それで、本当にお金が入るの？」

「入ると思います。以前、病院にかかってからしばらく期間が空いているので、先生がすぐに書類を書けないと言うかもしれませんが、何度か通えば、書いてくれると思います。そうすれば、申請して大体二～三か月ほどでお金が入るので、受診の期間も含めて、長くみても四か月ほどで大丈夫ではないかと思います」

「分かった」

「病院の調整をしても良いですか？」

「良いよ」

「分かりました。調整します。日程は来週で押さえます。お母さんからメールをしますので、よろしくお願いします。」

私は保健所に戻り、本人が入院、通院していた病院に連絡を入れて状況を伝え、翌週の主治医の担当日に予約を入れました。

外来受診日。本人と約束した時間に行き、玄関のドアノブを回すと、チェーンロックは外され、ドアを開けた目の前には本人が立っていました。

「トシヤさん、おはようございます。ありがとうございます。では、行きましょう」

私が乗ってきた車の後部座席に本人を乗せ、母は別の車で病院に行きました。

本人の髪は伸び油で固まっており、たとえは良くないかもしれませんが、鉄腕アトムのような感じです。尿臭、体臭、ゴミの臭いなど、何とも言えない臭いが病院の待合室に充満していました。本人の風貌や本人から出される臭いで人が離れていき、半径一〇メートルに誰もいないといった状況になりました。診察を受け、医師からはいったん状況を変えて仕切り直りをした方が良いとの判断がされ、トシヤさんは入院することになりました。

入院して一か月後、年金を申請。その後、年金は無事におり、定期的に本人の通帳にお金が入る形になりました。三か月後、退院前の話し合いに呼ばれ久しぶりに本人に会うと、髪は綺麗に短く切られ、髭も剃られ、服装もジャージではなくポロシャツにチノパン。一見して誰か分からないくらい、本人の姿は変わっていました。「その節は、すいませんでした」そう私に声をかける本人からは、空き缶を投げ、自暴自棄な生活をしていた過去の彼の姿はなくなっていました。これが本来の姿なのだな、私はそう思いました。

＊＊＊

トシヤさんの事例における私の関わりについて振り返りたいと思います。

この場合、母が食料を届けることが本人の行動を継続させている共依存状態であるとみて、食料を届けることを止めさせて本人を困らせ、こちらのレールに乗るよう、本人から助けてほしいと言われるのを待つという判断があるのかもしれません。または本人が自宅に籠り続ける行動をセルフネグレクトと問題視し、母の了解を得てドアを開け、本人に会い、説得するという判断もあるかもしれません。ある意味、それらは本人や家族の行動の中で問題となる行動を定め、それを改めさせるという発想から来ているものであり、分かりやすいように感じます。ただ、分かりやすい反面、本人との間で我慢比べを行う、本人と張り合う形となり、結果として本人との間で良い関係を築けるようになるとは私には思えませんでした。

私は本人と話ができそうなタイミングを、母が食料を届けるのに同行しながら待ちました。

トシヤさんの場合は娘への自動引き落としができなくなったタイミングです。それに対する解決策として、仕事をしていなくても定期的にお金が入るメリットがある年金申請を提案する形を取りました。敵対ではなく、共有する危機を一緒に解決するという形で話を持っていくことにしました。

母側の視点ではトシヤさんは母を困らせている息子になりますが、娘側から見れば離婚後も養育費を送り自分を気にかけてくれている父親ということになります。どこに光を当て話をしていくのかで、その後の状況は変わってくると思います。

第7章
問題の裏にある苦悩

ここまで幻覚妄想状態が疑われる事例、自閉やセルフネグレクトといった外部からは見えにくい事例を取り上げてきました。これからは精神症状とは言いづらいが、地域で「困った人」として挙がりやすいアルコール依存症、発達障害、強迫性障害について、取り上げたいと思います。

まずは、アルコール依存症が疑われる事例について見ていきたいと思います。

*

マキさん（仮名）は四十代の女性。高校卒業後、化粧品の販売員などをし二十代で結婚。長男を出産しましたが二年ほどで離婚し、その後も何度か結婚、離婚を繰り返していました。直近の結婚は五年前。結婚直後に次男を妊娠、出産。すでに長男は成人して家を出ていたため、夫と生まれたばかりの次男と暮らしていましたが長くは続かず、一年半ほどで離婚。その後はアルバイトをしながら、まだ幼い次男と二人で暮らしていました。

離婚の原因は意見の相違です。マキさんは夫から暴力を受けた、夫はマキさんから暴力を受けた、と双方が相手から暴力を受けた被害者だと言い合い、泥沼になることを繰り返していました。

またマキさんにはアルコールの問題がありました。アルコールを飲み始めると止めることができないため子どもの世話ができず、市役所からはネグレクトと言われて次男は何度か保護されたことがありました。

夫とマキさん、双方が話す、相手から暴力を受けたとの内容に間違いはないものの、お互いさまの部分があるのでそれ以上の話にはなりませんでしたが、次男の養育については、保育所や関係機関がマキさんの養育能力を問題視し、マキさんに度々注意するようになり、それを聞き続けるのが嫌で訪問に来ても居留守を使い、関係機関からの連絡には出ないといった行動を取るようになりました。それが更に問題だと認識され、本人と関係機関との関係はギスギスしたものになっていきました。本人と関係が取れなくなった市役所の職員から私に連絡が入りました。その内容は次のとおりです。

「五歳になる男児と四十代の女性の母子家庭。子どもは○○保育所に通園中。母親は飲食店に勤務しており、生活が不規則。子どもの登園が一定せず。母親に理由を聞くと、母親が朝、登園時間までに起きられず、男児を連れてくることができなかったと話す。時間に遅れても大丈夫であることを伝えるが、連れて来られない。男児は生育上の問題はなく、体重も平均的だが、登園時の服装に汚れが目立ち、洗濯が出来ていないのではないかと思う。母親はこれまで結婚、離婚を繰り返しており、子どもの養育能力にも心配がある。これまでの離婚原因として、母親のアルコールの飲み過ぎが指摘されており、ネグレクトの原因もそこにあるのではないかと考えている。母親に男児の養育について注意をするが、行動は変わらず。注意を繰り返したためか訪問しても居留守を使い、こちらからの連絡にも出なくなった。児童相談所にも連絡が入っており、事例として共有している。母親を精神科につなぎ、アルコールの問題を解消させてほしい。子どもには未来がある。親が原因でその未来に影を落とすようなことはさせたくない」

私はこのような一方的な相談を受ける場合、「問題のある事例」ではなく、「関係機関が問題だと捉えている事例」として聞くことにしています。

関係機関からの話は、関係機関の解釈が入った内容が含まれており、客観的な情報は、四十代の母親と五歳の子どもの母子家庭。母親は飲食店に勤務。子どもは保育園に所属しているが、登園できないことがあるぐらい。それ以外の部分は本人に確認しなければ分からないため、関係機関から連絡が入ると本人とどういう形であれば会うことができるのかを考えることにしています。私は市役所の職員が訪問する時に、同行させて下さいと伝えました。

市役所から連絡があった三日後、私は自宅への訪問に同行しました。自宅は街の中心から外れた住宅街にあるアパートの二階。アパートは築三〇年以上経っており、二階に上がる階段の手すりは錆びついていました。

同行した職員がチャイムを押し、ノックをし、声をかけるものの反応なし。「おかしいな。今日は仕事は休みのはず。部屋にいて居留守を使っているのかもしれないですね」、同行した職員はそう話し、再度チャイムを鳴らしてノックをし、声をかけました。ですが反応なし。

私は訪問に行く時に必ず家の周りを歩いて回ってみることにしています。隣家との境はどのくらいあるのか？　駐車場はどのくらいあるのか？　周りの道路の車の往来はどのくらいか？など、家が置かれている環境についての情報を得るようにしています。また、電気のメーターが動いているか、窓、カーテンが閉まっているか否かなども見るようにしています。

部屋の玄関前でスマホを片手に動かし、帰りたそうにしている職員を尻目に、私がアパートの周辺を徘徊していると、子どもの手を握り歩く女性が近づいてくるのが見えました。私たちの姿を確認すると、女性は玄関前にいた職員に、「何か用ですか？　市役所の人ですか？　今日は用事があるので登園させませんでした。私も忙しいのでもう来ないで下さい」と一方的に話しました。職員が「でもお母さん、お子さんが登園されないとこちらは心配してしまいます。連絡だけでもしていただければ」と返すと、「心配はそちらが勝手にしていること。私は頼んでいない。あなたには関係ないでしょう。私にも都合があるのです」と女性は話しました。

いきなり私の目の前で始まった会話を見て女性がマキさんであることを理解した私はマキさんに声をかけることにしました。

「お話し中のところ、申し訳ありません。また、突然うかがってしまい、申し訳ありません。私は保健所に勤務しております、芦沢茂喜と申します」

「保健所の人。何か用ですか?」

「本当にスイマセン。（マキさんの手を握ってこちらを見ている男児に向けて）突然来てごめんね。お母さんとお話をさせてほしいんだ。私はここの地域を担当しており、精神的に大変な思いをされている方々の相談を受ける仕事をしています」

「精神的?　どういうことですか」

「お母さんには申し訳ありませんが、おうちのこと、関係機関の方々からうかがいました」

「どうせろくなことを言っていないのでしょう」

「ろくなこと?　どんなことですか?」

「私がこの子の世話をしていない。お酒を飲んで、世話のできないダメな母親だとでも聞いたのでしょう」

「そう言われてきたのですか?」

「そうですね。直接言われたこともあるけど、態度を見ているとそう言いたいのだなと分かる。こちらの都合も聞かず、一方的に決めつけて。この子を取り上げたいのでしょう?」

「そう思うのですか?」

「見え見えよ。私がダメな親だという証拠を集めて、子どもを私から奪い取りたいのよ。前もそうだった」

「前もそうだったのですか?」

「私にはこの子以外にこの子の兄がいるけど、その時も市役所などが来て、養育ができているかチェックにきていた」

「上のお兄さんは今、何をされているのですか?」

「私は子どもが好きなの。だから、上の子も絶対、渡さないと守ってきた。今は外で働いていますよ」

「そうですか。お母さん、信じてくださるかどうか分かりませんが、私はお子さんをお母さんと引き離すつもりはありません。なぜなら、お母さんはお子さんのことを考えて下さっているから。そして、それをお子さんも分かっているから」

「え?」

「今日、突然うかがったのはどうしてもお母さんにお会いしたくて。お母さんがお子さんと一緒に家に戻ってこられる姿を見た時、お母さんはしっかりお子さんの手を握っていた、お子さんもこうやって知らない大人がお母さんと話しているのを心配そうに見つめて、お母さんの手を放さずにいる。お母さんがしっかり『お母さん』をされている証拠だなと私は思いました」

「ありがとうございます」

「いえ、こちらこそありがとうございます。お母さん、今日私はお母さんに相談があって来たのです」

「どういうことですか?」

「お母さん、ここだと誰が話を聞いているか分かりません。もし、可能であれば家の中でお話をさせていただいても良いでしょうか?」

「あっ。スイマセン。気づかなくて。汚れていますけど、どうぞ」

母と私との会話をあっけにとられ聞いていた職員と共に、私は部屋に入りました。私たちは玄関を上がってすぐの居間のテーブルに案内されました。

「スイマセン、散らかっていて」

「いえいえ、お仕事をされながら、育児も家事もするのは大変なことだと思います」

「ありがとうございます」

「改めまして、芦沢と申します。早速ですが、相談したいことというのは、お母さんと関係機関との関係をどうにかできないかなということです」

「どういうことですか？」

「スイマセン、言葉が足りなくて。私は関係機関からお母さんと息子さんの話をうかがいました」

「どうせ、私に問題があるって言われたのでしょう」

「私はお話を聞いて思ったのは、お母さん、大変そうだなということです」

「どういうことですか？」

「一人で働きながら子どもを育て、家のこともやる。そのことを想像しただけでも大変だと思いました。それに……」

「それに何ですか？」

「ただでさえ大変な中で生活を送っているのに、関係機関から色々言われたら、耐えられないなと思いました。お母さんは色々言われて、どんなふうに対処しているのだろうと思いました」

「大変ですよ。皆さんのように時間で仕事ができるわけでもなければ、休みが保証されているわけでもない。仕事に行けなければ給料は出ない。そんな中で、子どもの世話ができていない、親として責任を持って下さいとか言われて、あなた達とは身分が違うのよと思いますよ、本当に」

「本当に、そうですね。お母さんは周りから色々言われてイライラした時、どうやって自分を保っているのですか?」

「私は元々、自分から色々と言えるタイプではない。だから、イライラが溜まると、ついお酒を飲んでしまう。お酒を飲むと嫌なことから一瞬離れられるから」

「お酒、好きですか?」

「別に好きでもないけど、何となく飲んでしまう」

「そうですか」

「そうすると、今度はお酒を飲んでいることを周りから責められる。子どもの世話もしないでお酒を飲んでって」

「何をやっても文句を言われてしまう」

「そう」

「私だったら、納得できないですね」

「私も納得できないわよ。でも、仕方ないじゃない。私が何を言っても信じてくれない。納得してくれないのだから」

「でも、言われ続けるのはおかしいですよね」

「どうすれば良いのよ。私は一生懸命やっているのに……」

「お母さん、一つ教えて下さい。周りはお母さんにどうしろと言うのですか？」

「私にはお酒の問題があるから病院に行けと言う。お酒を飲むのを止め、子どもの世話をしろと言う」

「お母さんは病院に行くのはどう思っていますか？」

「嫌に決まっているじゃない。私、何ともないし、それに周りから言われて行くのは納得できないじゃない」

「そうですね……でも、お母さん、考えようによっては、病院で何ともないと言われれば、関係機関の人はそれ以上何も言えなくなるとも言えませんか？」

「それはそうだけど。でも、何となく嫌」

「そうですね。では、こんな提案はどうですか？　私がお母さんの希望を聞き、病院の予約を入れます。どんな先生が良いか？　時間帯も含めて教えて下さい。その上で受診しましょう。受診の時は私も同行します。受診の結果は私が証人になって、関係機関には話をします。どうですか?」

「そんなことができるの?」

「もちろんです。お母さん、ぜひそうさせて下さい」

「……分かったわ。私は女の先生だとイライラしてしまうから、男の先生にして。朝はなかなか起きられないから、午後の時間。子どもを迎えに行く前に帰ってこられる時間がいいわ」

「分かりました。それで予約を取ってみます。予約の結果はお母さんに連絡を入れますね。お母さん、よろしくお願いします」

「よろしくお願いします」

私たちはアパートから出て、車を止めた近くの駐車場まで歩きました。

「芦沢さん、上手く説得できましたね。これで問題が解決しますね」

「問題って何ですか?」

「母親がアルコールを飲み、子育てをしないことですよ」

「お母さんにはお酒を飲まないといけない理由があるのでしょうね。その理由を一緒に考えていかない限り、話は進まないですね。大事なことはこれからです」

「……」

事務所に戻った私は早速病院に連絡し、母親の希望の時間帯で男性の先生が対応してくれる枠の予約を入れ、マキさんに連絡をしました。

受診の日。マキさんは時間の五分前に病院に現れ、受診しました。受診の結果、アルコールの問題飲酒はあるものの、依存症には至っておらず、現時点で治療、入院の必要はないとの話でした。私はその結果を関係機関に連絡し伝えました。

＊＊＊

私の関わりを振り返りたいと思います。

困った人として関係機関から連絡が入ると、連絡をしてきた人の話に引っ張られ、その話に沿って話が進んでいくことがあります。でも、そのような話が上手く進むことはありません。なぜなら、関係機関の一方的な話であり、本人との関係を築いていないからです。本人との関係を築いていないことを指摘すると、本人が関係を築こうとしないことが悪いとの話になってしまい、そこから話が進まなくなります。

私たちは一人では生きておらず、何らかのつながりを得ながら、社会生活を送っています。何を問題として捉えるのか？　それを問題として捉えた人の声が大きければ大きいほど、そのことに焦点が当てられ大きな問題として捉えられてしまう。でも、本当に問題なのかと見方を変えてみると、問題は問題ではなくなる。

大事なことは問題に見られてしまう行動を取ってしまう、取らざるをえない本人の理由。マキさんの場合、マキさん本人が問題なのではなく、アルコールに頼らざるを得ないマキさんの状況。それを理解しなければ、いつまで経っても、問題は問題のまま残ってしまうと私は思いました。

マキさんは子どもの世話をしない母親ではなく、子どもの世話をしたいのにそれができずに苦しんでいる母親。子どもの世話をしたいマキさんの気持ちにどうすれば沿うことができるのか、そう考えていくと、マキさんとの間で行き詰まってしまった関係性が変わっていくように感じます。

第8章
変わらない関わり

次に、発達障害の事例について見ていきたいと思います。

＊

コウタさん（仮名）、一七歳の男性。両親との三人暮らし。幼い頃より集団生活が苦手で、自分自身の衝動性を抑えることができず、時に友達や周囲との間で衝突を起こして集団から排除され、居場所を失い、その怒りや不満を両親にぶつけるということが続いていました。

コウタさんの対応に困った両親は、本人を精神科病院に連れて行き、検査をした結果、発達障害の診断を受けました。衝動性を抑えるように薬が処方され、本人の特性を家族、周囲が理解することが大事であることを医師より説明されました。

その後は月に一回の受診を続け、経過を見てきましたが、本人の衝動性は変わらず。それに伴い、通学していた高校で同級生と喧嘩になることが続いていました。そんな中、同級生との喧嘩で相手にケガを負わせたことを父に怒られ、それに反発した本人が自転車で飛び出し、自宅に帰ってこないことがありました。

これまでも家出をすることはありましたが、それでも一日経てば自宅に戻ってきていたのに今回は二日経っても戻ってこず。心配になった両親が警察署に捜索願を出しました。両親が捜索願を出した翌日、本人がいなくなって三日目に隣県のコンビニの駐車場にいるところを地元の警察に発見、保護され、両親が本人を迎えに行きました。対応に困った両親が警察に相談。警察より保健所を紹介され、私のところに相談に来ることになりました。

保健所に母親と一緒に来たコウタさんは、小柄で痩せていました。頭は坊主で、見た目は幼く、中学生のように見えました。私の前にコウタさんは座りました。

「こんにちは。私は保健所で相談員をしています、芦沢茂喜と申します。今日はよく来て下さいました。ありがとうございます。コウタさんは今日、ここに来た理由をどんなふうに聞いていますか？」

「え！　何だろう。警察に保健所の人と会うように言われたから、来ました。そうだよね」

隣に座る母に声をかけました。

「あなたがいなくなって、もうそういうことをしないようにどうしたら良いか警察に相談したら、ここを紹介されたのでしょう」

「そういう理由です」

「そうですか。ありがとうございます。先ほど、いなくなったとの話でしたが、どういう感じだったのですか?」

「三日、家に帰らなかった」

「帰らなかった理由を聞いても良いですか?」

「帰りたくなかった」

「その理由は?」

「父親と喧嘩した」

「喧嘩した理由を聞いても良いですか?」

「学校で友達と俺が喧嘩した。喧嘩して友達が怪我をした。それを父親に怒られた」

「うん。それで……」

「俺の話も聞かずに怒るからムカついて、父親に『うるさいんだよ』と言い返した」

「うん。その後も聞いても良いかな?」

「父親がそれに反応して『それが親に話す態度か』と怒って手をあげたから、『ふざけるな』と殴り返し、家から出て行った」

「そう。怪我はなかったですか?」

「なかった」

「それは良かった。その後はどうなりましたか？」

「今までも家出をしたことはあるけど、今回は本当に腹が立ったから、親を困らせてやろうと思った。自分からは帰らないと決めて、自転車で走れるところまで走った」

「食事はどうしたのですか？」

「手元に少しお金があったから、コンビニで菓子パンとか買った。夜はコンビニや駅、お寺とかで過ごした」

「そうですか。その後、警察に保護されたけど、その時の気持ちはどうでした？」

「意外と早く見つかり、ビックリした」

「もっと見つからないと思った？」

「そう思っていた」

「親や警察は今回のように家を飛び出すことは止めてほしいと思って、ここに連れてきたように思いますが、コウタさんはそのことをどう思いますか？」

「別に俺は悪いことをしていない。でも、親や警察が行けと言うから」

「そうですか。嫌々だったのに、来てくれてありがとうございます。コウタさん、一つ提案があるのですが、良いかな？　今日、コウタさんは嫌々でも来てくれた。本当にありがとうございます。親御さんや警察が心配するのはコウタさんにとっては迷惑かもしれない。でも、大人ってそんなものなのかもしれないね。コウタさんがまたいなくならないようにできる力は私にはないと思います。でも、コウタさんが親御さんや警察などの周りの人たちと揉めずに過ごす手立てを一緒に考えることはできるように思います。二週間に一回、学校が終わった後、私のところに来てもらえないでしょうか？　時間は長くて一時間。来て一緒に勉強をするのであればそれでも良いし、ゲームをするのであればゲームでも良い。話をしてくれるのであればそれでも良い。何をするのかはその日にコウタさんと話をして決めたいと思います。そして、コウタさんの話を聞き、コウタさんの了解を得た上で親御さんや他の大人に私からも話をし、コウタさんが困ることはサポートしていきたいと思います。どうだろう？」

「別に良いですけど」

「それはどっちだろう？　私が提案した形で良いということ？　それともしなくても良いということ？」

「しても良いです」

「ありがとうございます。それでは次回の予定を決めて良いですか？　コウタさんはいつが良いですか？」

「水曜日が良い」

「であれば、二週間後の水曜日の四時三〇分でどうかな？」

「それで良いです」

「お母さんもそれでよろしいでしょうか？」

「はい」

「では、やっていきましょう。よろしくお願いします」

「よろしくお願いします」


その後、コウタさんは二週間に一回、私のところに来ました。宿題が終わらないと言えば一緒に宿題をやり、ゲームをしたいと言えばゲームをし、学校であったこと、家での両親との喧嘩などを話したい時は、一時間、話し続けました。私がしたことはその時間を変わらず続けることでした。そんな時間を続けていくと、両親と喧嘩をすると私に電話を入れてくるようになりました。


「もしもし、コウタですが、芦沢さんいますか？」

「はい、芦沢です。どうされました？」

「両親と喧嘩しました」

「何がありましたか？」

「携帯でゲームをしていたら止められなくなって、夜中までしていたら朝起きられなくて学校を遅刻してしまったんです。家に帰ったら親に、遅刻するようなら携帯を取り上げると怒られてしまいました」

「そうですか。コウタさん、朝起きられなくても、学校には休まず行ったのですね」

「そうなんですよ。学校、行ったんですよ。それなのに親が怒るから」

「親に怒られ、腹が立ったかもしれませんが、こうやって私に教えてくれる。ありがとうございます。今、気持ちはどうですか？」

「芦沢さんに話をしたので、もう良いです」

「そうですか。では、またお会いしましょう」

「はい」


そんな話を繰り返す中で、コウタさんは高校を卒業。障害をオープンにして仕事をしたいと希望したことから、一緒にハローワークに行って求人を検索。工場のライン作業の仕事を見つけ、ハローワークの紹介で面接を受けたものの緊張のあまり上手く話ができず、結果は不採用。それならと就労移行支援事業所に行き障害者雇用を目指しますが、作業中に他の通所者に話しかけ作業を中断することが続き、それを職員に注意されると反発し、行かなくなることを繰り返しました。その都度話をし、自身のしたことは申し訳ない、今後は注意すると話すのですがなかなか行動を変えられません。

就労移行支援事業所ではなく、もう少し縛りの少ないところへ行くことを提案されても、就職してお金を得るとの希望を捨てずにいました。そんな本人の希望と現実は異なり、通えるところに行ってはダメになることが続きました。そのうち通えるところがなくなり、その状況に自暴自棄となり、取ったばかりの免許で自宅にある父の車を運転して県外に突然出かけてしまう。そうすると、県外の警察署から私のところに連絡が入るようになりました。

「もしもし、〇〇警察の山本と申します。先ほど、コンビニの駐車場にずっと停まっている車があるとの通報を受け臨場したところ、サイトウ・コウタさんという方が一人、乗っており、話を聞くと、家出をしてきた、死にたくなったと話しました。誰か連絡の取れる人はいるかと聞いたら、家族はイヤで保健所の芦沢さんだったら良いと言うのでご連絡をしました」

「ありがとうございます。本人は山本さんの近くにいますか？」

「はい。おります」

「電話を代わっていただくことはできますか？」

「はい。お待ちください。本人に変わります」

「もしもし。芦沢です。コウタさんですか?」

「はい」

「コウタさん、今どちらにいるのですか?」

「長野県○○市です」

「そうですか。長野に行かれた理由を聞いて良いですか?」

「嫌になった」

「嫌になった。どういうことですか?」

「仕事を探して、頑張っても上手くいかない。俺の年になれば皆仕事をしている。でも、俺は上手くいかない」

「長野に行って、どうしようと思ったのですか?」

「死にたくなりました」

「そうですか。今はどうですか?」

「よく分かりません」

「今日、コウタさんから電話をもらえて、本当に良かったなと思います。私はコウタさんと今後のことを相談したいと思いますが、どうですか?」

「……芦沢さん、俺は用なしですか？」

「どういうことですか？」

「仕事に行って怒られると、父親に怒られた記憶が蘇り、自分の感情を抑えられなくなります。父親からお前なんか用なしだと言われた記憶が蘇ってきます。ちくしょう」

「そうですか。そうだな。私はコウタさんのことを用なしだと思ったことはありません。コウタさんは他人のことを思いやることができる優しい人。ただ、他人のことが気になったりすると、そのことを考え過ぎてしまい、他のことができなくなってしまう。そのことが周りに上手く理解されなくて、辛い思いをされていると思っています」

「ありがとうございます」

「コウタさん、戻ってこられますか？」

「戻ります」

「こちらでお待ちしています。ご家族には私からお話をしましょうか？」

「お願いします」

「分かりました」

その後も、何か問題があっても関係は切れずに続きました。人事異動に伴い私が他の部署に異動になってからも、本人は連絡を入れてくれました。そんな状況が続いたある日。本人から話がありますとの連絡が入り、私のところにやってきました。


「芦沢さん、県外で仕事を見つけました。面接に行ったら、合格しました」

「おめでとうございます」

「ありがとうございます」

「どんな仕事ですか？　聞いても良いですか？」

「製造工場のラインの仕事です」

「場所が県外ですが、住むところはどうするのですか？」

「元々、この仕事は友達が紹介してくれました。住むところは、当分は友達のところに泊めてもらい、給料が出たら、引っ越そうと思います」

「そうですか」

「これで芦沢さんともお別れですね。芦沢さん、一つ聞いて良いですか？　所属が変わっても芦沢さんが話を聞いてくれたのはなぜですか？　母からは芦沢さんが俺のことを気づかってくれているからだと言っていました。そうですか？」

「そうですね。コウタさんが今後、どのような生活をされていくのか気になっています」

「そうなのですね。芦沢さん、一つ聞いていいですか？　気づかうって何ですか？」
「気づかうって、心配しているってことですかね」
「そうですか。芦沢さんは僕のどの辺が心配ですか……」

その後も終わりの見えない話が続きました。コウタさんは自宅を出て、県外に行きましたが、また戻ってくるかもしれません。でも、それで良いと私は思いました。細くなっても切れずに糸がつながっている。

「コウタさん、無理せず、やってきて下さい。私はここにおります。何かあれば、こちらに連絡ください」
「ありがとうございます」

元気よく話し、私に一礼し、走ってコウタさんは部屋から出ていきました。

＊＊＊

コウタさんとの関わりについて、振り返りたいと思います。

発達障害の事例の場合、継続性が大事であると感じます。これまでの幻覚妄想状態の場合、イメージとしてはメトロノームのように、相手の状況に合わせて共振するような形で関わりを持ってきました。でも発達障害の事例の場合、私は共振せず、意識的に関わりを変えない形を取ってきました。

どのような状況でも、私が変わらないことが本人の安定につながるように感じています。職場が変わる、職場内で異動があるとなかなかそのような関わりを続けるのは難しいところがあるので、すべての事例でこのような対応が取れるわけではありません。ただ、異動したあともかつての担当エリアから連絡が来ます。糸を切るのは簡単なこと。糸を切らずに維持することは大変なことですが、本人たちが困った時にその糸があるか否かで話は大きく変わってくるように感じます。

第９章
秋のパン祭り

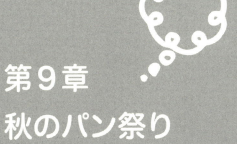

最後に、強迫性障害の事例について見ていきたいと思います。

＊

「五十代の男性が大きな声で騒いでいる」

そんな話が私のところに入ってきました。

ヤスヒサさん（仮名）一人暮らし。近隣は七十代、八十代の一人暮らしの高齢者が多く、その中では若い男性が一人大きな声で騒いでいる。そのことだけでも、近隣は怖がり、何かあっては困ると心配をしていました。

ヤスヒサさんは精神科の受診歴はあるものの、現在は通院しておらず。近隣はヤスヒサさんの声は聞こえるものの何を話しているのかはよく聞き取れず。日中、本人に何かあったのかと聞きに行くのも怖がって腫れ物に触るような状態で過ごしていました。

近隣からの連絡を受け自宅に訪問すると、確かに男性の声が聞こえる。でも、何を話しているのかは、私からは声が小さくて聞こえませんでした。

自宅のインターホンを押しますが壊れているのか鳴りません。戸をノックし、「こんにちは」と声をかけても本人の声は途切れませんでした。

「こんにちは。芦沢と言います。この地区の担当をしております。地区を回りながら、こまりごとをうかがっております。何かできることがあればさせていただきたいと思います……」

本人に話し続けます。でもこちらの声掛けには反応せず、本人が一方的に話す声が聞こえ続けました。

訪問を終え停めていた車に向かうと、車のそばに私に電話をしてきた近隣住民がいました。

「こんにちは」

「保健所の芦沢さんですか？」

「はい芦沢です」

「本人とは会えましたか？」

「本人の声は聞こえましたが、私が話しかけてもそれに対する応答はありませんでした」

「ずっと声が聞こえますよ。ここは周りに何もなく夜になれば真っ暗です。そんな時間に声だけ聞こえると気味がわるくて眠れませんよ。どうにかしてください」

以前、通院していた病状が再燃したのかもしれない。近隣が心配している、近隣にとって困った人である本人を受診につながないといけない。そんな考えが浮かんできました。

でも……本人は何を言っているのだろう？　私が訪問したのは日中。近隣が声を聞いたのは夜。一日中話し続けているのであれば、疲れないのだろうか？　食事はどうしているのだろう？　睡眠は？　本人の困っていることは何だろう？　そんなことを考えました。

訪問から一週間後、以前、通院していた病院に本人自ら電話を入れ、「話すことが止められず、辛い」と話しました。病院からの連絡を私が受け、再度訪問。病院から事前に話をしてもらっていたため、スムーズに本人と会うことができました。本人の住む家は元々は祖母が暮らしていた家。高校卒業後に飲酒店に勤めるものの長続きせず。元々は両親と暮らしていましたが、本人の確認行動に両親が音を上げ、空家になっていた祖母の家に一人で生活をすることになりました。祖母の家は街中から離れた部落にあり、家は築五〇年以上経っていました。本人と話をし一緒に病院を受診しました。

彼は自分の中でルールを決め、決まった念仏を唱え続けていたようです。途中で止めてしまうと最初からやらなければならず、結果、自分の決めたルール通りに終わらなければ延々とその作業を続けなければならないと話しました。

受診後、食料品がないので買いたいというので病院の近くのスーパーに行くと、彼はパンコーナーへ。菓子パンを買い物カゴに入れたかと思えば、元に戻し。また同じ菓子パンを持ち、また戻し。彼の中のルーティンが続きました。買い物カゴには同じ菓子パンが何個も入れられ、それが終わるとお菓子コーナー。それが終われば……。決まった食材、決まったメーカーの決まったものを買い続け、商品の種類は少ないものの、量は買い物カゴ三つ。

私は彼が買い物をする後ろで、一定の距離をあけて、見ていました。買い物を終えると、彼より、「足りないものがあった。いつも行っている店舗に行きたい」との話がありました。

彼が希望した店舗に着くと、彼は買い物カゴを持ち、パンコーナーへ。「あれ、足りないもの？？」先ほど買った同じパンを買い、同じお菓子……。つい何分か前に見た光景が繰り返されました。そこでも、買い物カゴ三つ。それが終わると、「トイレットペーパーがないから、ドラックストアに行きたい」と希望。スーパー近くのドラックストアに寄ると、決まったメーカーの商品を購入。それで買い物は終わると思ったらレジ前のパンコーナーに止まってしまい、スーパーで買った同じパンを見つけ、同じ行動をし、買っていまいました。

彼は自身で持って行った買い物袋に商品を一切入れず、それぞれの場所でレジ袋を購入するのでレジ袋は合計七袋。一緒に行った私の車は、彼の購入したもので溢れてしまいました。

買い物をした翌日以降、彼から連絡が入るようになりました。

「買い物が楽しかった。また、行きたい」

＊＊＊

ヤスヒサさんとの関わりについて振り返りたいと思います。

私たちは「相談して下さい」と何気なく言ってしまいますが、相談することはこちらが思っているよりも大変なことです。相談する気持ちになり、相談できる相手がいなければならない。彼は地域で孤立し、相談できる相手がいなかった。まずは「困っています」と言える相手にならないといけないと私は思いました。彼が困っていますと言える関係を築けるように、買い物に同行しました。前章で取り上げた草取りと同様に、無駄なこと、私たちの仕事ではないと判断してしまうこともあるでしょう。でも、私の仕事は関係を築くことです。問題の解決はその結果に過ぎません。目的と結果を履き違えてしまうと、話は変わってしまうように感じます。

地域の中で困った人であった彼は、今は自ら「困っている」と言える人になった。そう考えると、当初「困った人」として見ていた私たちが、彼の「こまりごと」に気づき、「困っている」と言える状況にしていたら、問題にはならなかったのかもしれないと私は思います。

おわりに

保健所の精神保健福祉相談員として私が関わった事例として九つのものがたりを見てきました。

改めて私の関わりを振り返ってみて、私がしてきたのは原因探しではなく、関係探しだったのだと思いました。

支援において、上手くいかない場合、私たちは原因を探します。私たちが「上手くいかない」と感じるのは、私たちがこうすれば良いと思える方向に本人が向かない、私たちのコントロール通りに本人が動かない時です。その時に、私たちはその原因を本人に探しがちです。本人以外であれば家族に探します。私たち以外に、原因を探します。

その中で最も原因とされやすいのは、本人の精神的な問題。これまで取り上げてきた事例からも分かるように、警察などの関係機関が関わり問題と判断した場合、さまざまな精神疾患の中で当てはまりそうな疾患に事例を当てはめ、その解決のために精神科受診につないでほしいとの話が関係機関から私に入ります。

最近多いのはアルコール依存症、発達障害、認知症。地域包括支援センターなどの福祉の機関は、多分そうだろうと考える病名を伝えてきますが、警察は（使ってくる言葉をそのまま使えば）「精神異常者」「精神錯乱者」とのラベルを貼ります。ラベル名から見ても、専門的な見地からの判断ではなく、あくまでもその機関、担当者が普通とは違うという自身の価値基準から、許容範囲を超えているか否かで判断してきます。「おかしい」「異常」、受診をせずこのまま放置して何かあっては困る。最近、テレビなどで報道された事件、たとえば精神科受診をしていた人、ひきこもり傾向があった人が起こした事件を引き合いに出し、あのような事件が起きたら、困ると言います。また、本人の行動で迷惑を感じている人、たとえば近隣住民のことを取り出し、住民が安心して生活する権利が侵害されている。一緒に暮らしているのが高齢の両親であれば、高齢者虐待である。または、本人のことを取り上げ、受診をして良くなる権利を侵害していると話します。

関係機関の判断について私が細かく聞こうとしても、関係機関の中ではすでに原因と解決策を決めてしまっているため、それに関連しそうなことを繰り返し話すだけで、それ以外のことはそもそも本人に聞いていないため、詳しい話は出てきません。本人が受診をするかしないかに話の焦点が絞られ、それに本人が応じるか否かとの話になります。関係機関は私に、「困った人」である本人に受診を説得する役割を期待します。

私が本人の人権についての話をすれば、近隣や周りの人権はどうなるのか？　何か事件が起きた時に責任が取れるのか？　と私が責められます。事件が起きるかは誰にも分かりません。仮に起きた場合、それは受診をしなかったことが原因なのかは分かりません。事件が起きた場合でも私が責任を取れるわけはなく、それを分かっていて話してくるのです。関係機関は本人ではなく、あくまでも「問題」を見ており、私と噛み合うことはありません。

受診をしたからといって問題が解決することはありません。受診をしていたら問題が起きなかったとは誰にも言えません。ですが、関係機関は原因を決め、受診が問題の解決策であり、受診の結果、できれば入院をして管理されたところに移したいと考えます。自分たちが許容できない人を自分たちとは遠いところに排除する、入院治療を中心に進めてきた日本の弊害が依然として続いていると感じます。

本人を見ておらず、問題しか見ていない関係機関からプレッシャーをかけられれば、本人が拒否するのは当たり前のような気がしますが、本人が受診を拒否すれば、疾患、状態が重いと判断されて関係機関から本人に、そして私に対するプレッシャーも強くなります。問題だとの声は大きく、強くなっていきます。

保健所が社会防衛の役割を長く担ってきたため、関係機関、なかでも警察は、保健所は精神科医療機関に本人をつなぐところと認識しています。なかなか話が受診の流れにならないと警察が思えば、保健所さんの仕事をして下さい、受診につなげるルートはないのか？　などのより強いプレッシャーがきます。そのプレッシャーに押しつぶされそうになる保健所職員もいるでしょう。

保健所に勤務し、本人と関係機関の間に挟まれ、自分自身の立ち位置に悩み考える中で、自分はどこに立ち、どちらを向き、どのように対応するのかを決めないといけない。私は、そもそも関係機関の対応の仕方が問題をおかしくしており、関係機関と本人との関係を閉じたもの、一方通行なものにしていると思いました。

関係機関はなぜ原因探しをしてしまうのか？　原因探しをしてしまうのは、それを特定することで安心したい。上手くいかない理由を求めたいという関係機関の気持ちが影響しているように感じました。問題が生じた時に本人と会っただけの機関が、その原因に辿り着くとは思えません。ただ分かったつもりになっているだけであり、分かっているのは原因ではなく、本人との間で関係が取れていないことだけのように思いました。

私は、本人と関係機関の間に立って本人の方を向き、本人と関係機関の間で生じている問題をどうしたら解決できるのか、本人と相談することにしました。本人との関係が取れていないのであれば、まずは関係を築くことを目指す。なぜ問題が起こったのか？　ではなく、これまでなぜ問題が起こらなかったのか？　これまで問題が起こらなかったのに、今回問題として出てきた理由は何か？　を考える。問題として起こらないように頑張ってきた、耐えてきた本人の視点から関係づくりを始める。関係づくりのキッカケを探して関係を作った上で、本人と関係機関との間で生じている問題、受診をしろと言う関係機関とそれを拒否する本人の間で生じている問題の解決のためにどうしたら良いのか、どうすれば折り合うことができるのかを一緒に考える。考えた上で、必要であれば受診の話をしていく。本人との関係を開けたものにし、双方向で話をしていくことにしました。

私たちはこれまで、本人をどう見るかという話ばかりをしてきたように思います。本人の問題点はどこにあるのか？　家族の問題点は？　私たちは問題を見つけ、それを指摘し、解決に向けて本人にアドバイスしなければならないと考えてきたのではないでしょうか。でも、それは本人が私たちを渋々でも受け入れていることが前提であり、受け入れていなければ、問題点を指摘しても一方通行で終わってしまいます。本人と関係が取れず嫌がっていても関係機関からの声を受けた以上は、家族の協力を得て受診につなぐということが行われてきたように思います。

本人との間で関係が取れていない時に大事なことは、本人に私たちをどう見せるか？　どう見せたいと思うのか？　を決め、そのように振舞っていくことのように思います。本人に受け入れてもらい、話ができなければ、支援を始めることはできない。でもその部分について、これまで誰も指摘せず、言語化されてこなかったように思います。

今回、取り上げた事例はあくまでも一部ですが、周りから「困った人」とのラベルを貼られ、本人が関わりを拒否する状況下で、保健所相談員が何に悩み、何を考え、どのように行動しているのかを、言語化して見ていただくことができたように思います。

事例をまとめて思ったこと。

周りから見て「困った人」は、本当は「困っている人」なのかもしれない。そして、本当に困った人は、困っている人を困った人とのラベルを貼り、排除することしかできない私たちなのかもしれない。それに気づき、関係探しをしていくことがスタートのように思います。

あとがき

本書は私にとって三冊目の単著になります。よくこれだけ書くことができたと思います。これも、このような機会を与えて下さった生活書院の髙橋さんのおかげだと思っています。

私がソーシャルワーカーになると決めた時、恩師から「事例から学びなさい」と言われました。どんな新しい知識、技術が出てきても、事例から離れてはダメであり、困った時は「事例に戻りなさい」とも言われました。

そのため、これまで書いてきた書籍はすべて事例をもとに書いています。自分が何に悩み、考え、行動してきたのかを書いてきました。私の経験がどれだけ一般化できるのかは分かりません。これは他人が経験してきただけであり参考にはならない、そう思う人もいるのかもしれません。

私自身、これまで人並みに専門書を読み、勉強してきました。でも、量的調査で根拠があるといわれた内容や新しい制度、法律をいくら学んでも、日頃の実践の参考になると感じたことは残念ながらありませんでした。

私が参考になると感じたのは、自分が担当していない事例であっても、他のソーシャルワーカーが事例をどのように見立て、どのように関わり、どのように行動したのかを知ることでした。このように見立てることができるのか、こんな関わり、このような行動を取ることができるのか等を知ることで、自分自身の引き出しを多くすることができました。それを機会に、新たな専門書を読み、知識や技術の理解を深めることもできました。

事例は私にとっては先生。さまざまなことを教えてくれます。私にとって良いことも悪いことも。良い、悪いと判断しているのは私ですが、これらの関わりを通して感じたこと、考えたことはすべて今の私の糧になっているように思います。

私は、大学卒業後、精神障害者小規模作業所の指導員から始め、母子生活支援施設、精神科病院などを経て県職員となり、精神保健福祉センター、保健所と経験を重ねてきました。保健所に勤務してからも一〇年が経過しました。

恩師からは「事例から学びない」とともに、「文章をまとめなさい」と言われました。文章になっていないものは何もしてこなかったのと同じ。そう言われました。それもあってこれまで経験の節目で、文章にまとめてきました。今回も保健所での勤務の節目でこのような文章をまとめることができ、本当に良かったと思います。ありがとうございます。

次は、どのような出会いがあり、どのような経験をし、どんな文章でその経験を綴ることができるのか、楽しみにしつつ、次の実践に取り組んでいきたいと思います。

◉本書のテキストデータを提供いたします
　本書をご購入いただいた方のうち、視覚障害、肢体不自由などの理由で書字へのアクセスが困難な方に本書のテキストデータを提供いたします。希望される方は、以下の方法にしたがってお申し込みください。

◎データの提供形式：CD-R、メールによるファイル添付（メールアドレスをお知らせください）
◎データの提供形式・お名前・ご住所を明記した用紙、返信用封筒、下の引換券（コピー不可）および200円切手（メールによるファイル添付をご希望の場合不要）を同封のうえ弊社までお送りください。

◉本書内容の複製は点訳・音訳データなど視覚障害の方のための利用に限り認めます。内容の改変や流用、転載、その他営利を目的とした利用はお断りします。

◎あて先：
〒160-0008
東京都新宿区四谷三栄町6-5 木原ビル303
生活書院編集部　テキストデータ係

【引換券】
困った人のこまりごと

［著者紹介］

芦沢　茂喜（アシザワ　シゲキ）

ソーシャルワーカー（精神保健福祉士、社会福祉士）
国際医療福祉大学医療福祉学部医療福祉学科卒業
東京都立大学大学院社会科学研究科修士課程（社会福祉学）修了
信州大学大学院社会政策科学研究科修士課程（経済学）修了
山梨県内の民間精神科病院等での勤務を経て、山梨県庁に入庁（福祉職）
中北保健所峡北支所、精神保健福祉センター等を経て、現在は峡東保健福祉事務所に勤務

主な著書に、『ひきこもりでいいみたい——私と彼らのものがたり』（生活書院、2018年）、『ふすまのむこうがわ——ひきこもる彼と私のものがたり』（生活書院、2021年）など
山岸倫子との共著に、『ソーシャルワーカーになりたい——自己との対話を通した支援の解体新書』（生活書院、2020年）、『ソーシャルワーカーのミカタ——対話を通してともに「解」を探す旅の軌跡』（生活書院、2022年）などがある

困った人のこまりごと
――保健所精神保健福祉相談員の日常

発　行――――二〇二四年一二月二五日　初版第一刷発行
著　者――――芦沢茂喜
発行者――――髙橋　淳
発行所――――株式会社　生活書院
〒一六〇―〇〇〇八
東京都新宿区三栄町一七―二　木原ビル三〇三
TEL　〇三―三二二六―一二〇三
FAX　〇三―三二二六―一二〇四
振替　〇〇一七〇―〇―六四九七六六
http://www.seikatsushoin.com

印刷・製本――株式会社シナノ

Printed in Japan

ISBN 978-4-86500-179-2

定価はカバーに表示してあります。
乱丁・落丁本はお取り替えいたします。